くまモンの秘密／目次

## 第五章　ダメ出しにくじけずアイデア量産

編集協力 長山清子
DTP 美創

# 第一部 くまモン関西戦略の秘密

熊本県庁チームくまモン関西部隊

第一章

# 熊本をPRしない
# PR戦略

＊第一部では、読み物としてのエンターテインメント性を高めるため、
注釈以外の部分でも、かなり、脚色をしております。
あらかじめご承知おきくださいますよう、お願いいたします。

## 日本一の くまキャラ、めざしています。

平成二十三年十一月二十七日、埼玉県羽生市《はにゅう》で開催された「ゆるキャラサミット in 羽生（ゆるキャラさみっと協会主催）」会場で発表された「ゆるキャラグランプリ2011」において、熊本県営業部長の肩書きを持つくまモンは、栄えある一位を獲得した。

これは、前年三月に誕生したばかりの、一地方のゆるキャラくまモンを全国制覇に導くために、小山薫堂《くんどう》の著書をバイブルに、日夜努力し続けた、熊本県庁の精鋭部隊チームくまモンの物語である……。

＊さっそく、プロローグから脚色が入ってしまいました（汗）。「熊本県庁の精鋭部隊『チームくまモン』」は実在しません！　本書の著者である「チームくまモン」の実態は、複数の課にまたがる担当者レベルの、「しがない地方公務員集団くまモンとおもろい仲間たち」という、なんともゆるい組織に過ぎません。

さて。たかが、ゆるキャラグランプリ！と言うなかれ。全国から三五〇ものゆるキャラがエントリーした、日本ゆるキャラ界最大にして最高の祭典！　クールジャパンの次なるブームの代表格か？　なにより私たちチームくまモンにとっては、されど、ゆるキャラグランプリ。大

凱旋後の記念写真。熊本県庁にて ©宮井正樹

切なタイトルでした。

本人曰く、**日本一の　くまキャラ、めざしています。**

くまキャラに限定しているところが奥ゆかしいというか、闘争心がないというか……。

チームくまモンの本心は、妥当、ではなく、打倒ひこにゃん!?　目指すはくまキャラだけでなく、ゆるキャラ界の頂点でした。どうもくまモン本人に緊張感がないのが、気になるところではあったのですが……。

残念ながらこの回は、ひこにゃんがエントリーしていなかったため、対決？は実現しませんでしたが、時機を見て、ゆる～いバトルを繰り広げたいと考えていたチームくまモンなのでした。

## 知事より、有名になりたい。

決して精鋭部隊ではない「くまモンとおもしろい仲間たち」もといチームくまモンが結成されたのは、平成二十二年春。

いよいよ翌年春には九州新幹線が全線開業！と言いつつも、まだまだ先の話。ゆるキャラグランプリの存在も未だ知らず、生あくびを隠しきれない中での戦略会議に、切羽つまった感はありません。県内で「くまもとサプライズ」の伝道を開始した別働部隊を横目に、関西方面へのPRを担当するチームくまモンは、新幹線全線開業により最短二時間五九分でつながる大都会大阪の地で、少しでも「くまもと」の認知度をアップすべく何をなすべきかと、会議に明け暮れていました。もちろんくまモンも同席しています。

「ゆるキャラって、基本的に地元で活躍するもんだよね。ひこにゃんだって、彦根城をベースに活動しているのに、我がくまモンは、地元を離れて活動しようっていうんだ。これって、ゆるキャラとしては珍しいんじゃないの？」

「ホームグラウンドを離れての活動か……しかも長期間……」

「死のロードってやつですか？　夏の甲子園で全国高校野球選手権大会をやっているとき、阪神タイガースが各地で戦っている……」

「それ、いいじゃん！」

「死のロード？」

「いやいや、阪神タイガース！　甲子園だよ、甲子園。大阪と言えばタイガース。タイガースと言えば甲子園。いわば聖地みたいなものでしょ。そこ攻めようよ。手始めに。ちなみに今は

『夏のロード』です。『死のロード』は古すぎますってば」

「確か、甲子園は大阪じゃなく、兵庫県だったかと……」

と言う声はかき消され、

「普段は阪神タイガースのホームゲームが開催され、夏と春は高校球児の熱闘が繰り広げられる阪神甲子園球場でくまモンをPRできれば、一気に有名人……」

くまモン曰く、**知事より、有名になりたい**。

「それは、あつかましいんじゃないか……」

と言う声もかき消され、

「やはり、始球式へのくまモン登板か？」

「いやいや、一塁側アルプススタンドで黄色いハッピを着て、ファンと一緒に六甲おろしの大合唱！」

と、勝手に盛り上がるチームくまモン。

さっそく球場事務所に連絡を入れ、熱っぽく趣旨を説明すると、

「くまモン？　なんですのそれ？　くまとちゃうの？……まあ、現実的な対応ゆうか、滅多に空きが出ぇへんのやけど、球場内の看板にちょうど空きがありますよって、そこに出したらよろしいいんやおまへんか？」

と冷静な対応。

確かに、まだまだ無名のキャラクター。ここは、現実に戻って、球場の提案を受ける方向で検討することにしました。

「阪神甲子園球場内に描かれているゆるキャラ。なんというステータス。小山薫堂さんが言っている『ブランド化』って、こういうことじゃないのか。これは『鈴木家のカレー』に匹敵する企画だよ……」

と、小山薫堂さんの本を読みかじったばかりのメンバーが分かったような解釈。まずはくまモンの顔を売るために、チームくまモンは、阪神甲子園球場にくまモンの看板を掲げることにしました。

＊「鈴木家のカレー」については、小山薫堂著『もったいない主義――不景気だからアイデアが湧いてくる！』（幻冬舎新書）をお読みください。同書を読んでからこの本を読んでいただけると、この本の味わいが一層増すものと思われます。

この甲子園球場への看板設置が、大阪進出ひいては全国進出への第一歩となりました。

後から分かったのですが、甲子園球場の看板に空きが出るのは大変珍しいとのこと。しかも

甲子園球場のくまモン2次元全身立像看板

自治体がキャラクター入りの広告を出すのは初めてだったようで、大変ラッキーなスタートだったわけです。

何はともあれ、球場と交渉の末、平成二十二年六月二十九日、一塁側アルプススタンドにくまモンの看板が設置されました。

タイガースカラーの黄色を背景にくまモンの凛々しい二次元全身立像と、申し訳程度のくまもとロゴ。これを二カ所に設置し、間には、「新幹線で熊本へ」の看板を入れ、公務員として、「ちゃんとお仕事してますよ」感を出すことも忘れません。

この年、夏の全国高等学校硬式野球選手権大会では、熊本県代表の九州学院高校が準々決勝まで進出しました。県代表チームの活躍にもくまモンが一役買ったのは言うまでもありません。

*またしても脚色が入りました。この時点では、熊本県内においても、まだまだ無名の存在だったくまモン。九州学院の選手たちは、壮行会のとき、「くまモン缶バッチ」と「くまモンタオル」を兵谷副知事から手渡

されたものの、それがなんなのか、どの程度まで認識していたか……。立ち会っていた私からは……言えません。

## ときどき、お子様に こわがられます。

甲子園球場への看板設置という最初の仕事が順調に進み、チームくまモンは、その後の大阪展開について会議を進めます。

「『くまもとサプライズキャラクターのくまモンです』って長くない？」

「そもそも『くまもとサプライズ』が分かりづらいです」

「説明すればいいじゃん。九州新幹線全線開業を機に、くまもとのおもてなし……」

「誰も聞いてくれませんよ。大阪目線で考えれば、熊本は四七ある都道府県のひとつに過ぎないんですから」

「新幹線すら、既に鹿児島まで開通していると思っている人も多いらしいですし」

「熊本を通るのか、大分経由なのか知らない人もいるらしい」

「いや、残念ながら、関心そのものが、ない」

「以前、大阪市内で開催された某スポーツイベント会場で、県の観光パンフレット配りをしましたが、あめちゃん、関西地方では、あめ（キャンディー）のことをこう言いますが、あめちゃんの一個でも付けていなければ、誰ももらってくれません。あめちゃんを付けても、あめちゃんだけ取って、後はゴミ箱行きですけど。関心を持ってくれたのは、熊本出身者か近々熊本を訪れようと考えている、ごく一部の方だけでしたね」

「職員が配るのと、くまモンが配るのとでは違いがあるのでは？」

「でも、しょせん、行政のPRが前面に出てしまうわけで、見透かされるというか、『熊本のPRに来てはるの、がんばっとき！』でおしまいです」

「…………」

「ティーザー広告の手法を取りましょう」

「？？？」

「広告業界では、商品の全容を初めから明かさず、消費者の興味を引いたり、関心を集めたりする手法を取ることがあると言います。例えば自家用車だと、性能や販売開始日だけを先に伝えて、肝心のデザインは隠しておくとか」

「つまり、最初は熊本色を出さずに、まずくまモンを知ってもらおうということか」

「大阪市内のそこかしこに身元が分からんくまモンというキャラクターが出没してる、といった、都市伝説みたいな話題を作って、そこそこ知れてきた頃に、正体を明かす、といったやり方です」

「いいんじゃない！」

この後の会議でも頻繁に出てくる「いいんじゃない！」はチームリーダー裁断の叫び。この一言が出れば決まりです。

「いいんじゃない！」により、スタートはできるだけ熊本らしさを排除し、まず、くまモンそのものを、大阪の人気者にしよう、という作戦でいくことになりました。

「くまモン神出鬼没大作戦」の始まりです。

大阪市中央公会堂前にぽつねんと座るくまモン

平成二十二年九月一日、二メートル近くもある巨体が、大阪市中央公会堂前に初出没しました。

当時のブログを振り返ると「くまモンが公会堂の周辺をブラブラしていると、幼稚園帰りの子どもたちが寄ってきました！　一生懸命、子どもたちを喜ばせようと考えているようですが、何もできずにいたようです」とあります。

本人曰く、**ときどき、お子様に　こわがられます。**

って、くまモン。君にはまだ、子どもを楽しませるだけのスキルが足りないだけジャン。もといい、だけやん。……チームくまモンの大阪弁のスキルも足りないようです……。

後日談になりますが、平成二十二年十月に配布を始めた「くまモン名刺」が好評のうちに配布終了したことを受け（名刺作戦については後ほど詳しくお話しします）、第二弾は、「くまモン＋県内観光地」のトレーディングカードを作成しようと考えました。これを小山薫堂さんにお話ししたところ、「県内観光地を入れると行政色が強くなりすぎ、いやらしくなりますよ」と言われ、欲を出しすぎたかなと反省し、トレカを断念したことがあります。まずは熊本色を出さずにという、大阪でのくまモンデビューの考え方は間違っていなかったわけです。

**最初は、みんな、寄ってきて　くれるんだよなあ。**

その後、ＯＣＡＴ、ＡＴＣ（大阪には横文字の施設が多いようです。ＷＴＣ、ＵＳＪ……）、ラマダホテル、道頓堀商店会、服部緑地など、辻立ちというより、徘徊《はいかい》（笑）と言ったほうがふさわしいのかもしれませんが、不慣れな土地において、くまモンは、比較的スムーズな出没を開始することができました。

初日はただ徘徊するだけでしたが、少しずつ、例えば、お笑いライブの呼び込みのお手伝いをして、呼び込みのお兄さんから本場大阪のツッコミの洗礼を受けたり、ATCにある消費者センターのキャラクター・エルちゃんに興味を持ったり、大阪府公園協会のマスコットキャラクター・パーキィ君とお友達になったりと、交流も少しずつ増えてきました。……まだ行政色が拭えないキャラクターばかりではありましたが……。

パーキィ君と

しかし、実は、くまモンを神出鬼没させるために、チームくまモンは、陰で努力をしていました。

残念ながら、当時の日本においては、ゆるキャラの権利（通称キャラ権）は限られており、無許可では公道を歩行することさえできませんでした。

後に、ゆるキャラさみっと協会が全国のゆるキャラに声をかけ、「ゆるキャラにも人権を！」と国会議事堂前をデモ行進することになるのですが、当時は「キャラ権」の概念すらありませんでした。

＊あまりにもあほらしいので、注釈を入れたくないのですが、万が一にも、お子さまが本気にするといけないので、記載します。ゆるキャラの人権は、現実世界では未だに認められておりません。あしからず。

さて、本音の部分ではゲリラ出没で済ませたいところ、そこはやはりチームくまモンは公務員集団です。法は守らなければなりません。

神出鬼没とは言いながら、実は綿密な計画のもと、チームくまモンが、地元の警察署やホテルの支配人、商店街の振興会長等々を回り、事前の了解を得ていたのです。

もちろん、休憩時間も確保し、ちゃっかり大阪名物たこ焼きを食することも忘れません。

これら苦労の上で神出鬼没を演出し、後はいかにくまモンが大阪府民を楽しませ、名前を覚えてもらうことができるか……。

本人曰く、**最初は、みんな、寄ってきて　くれるんだよなあ。**

そう、寄ってきてくださった方々の心を摑むためのスキルが、求められているんだよ。くまモン！

このとき、次の秘密兵器が既に用意されていたのですが、まだ投入のタイミングではありませんでした。

## 熊本県民も あまり知らない、熊本のシンボルです。

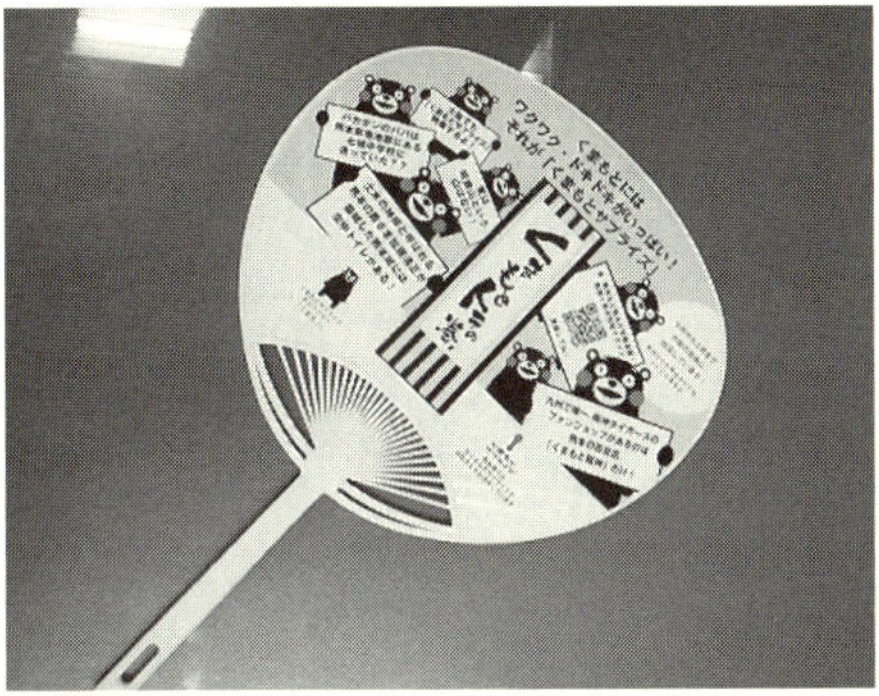
特製うちわ

「神出鬼没」を開始して二週目。九月九日は、阪神甲子園球場に出没です。

九月に入ったとはいえ、未だ残暑が厳しい中、できればビール片手にスタンドで野球観戦といきたいところです。しかしこの日は、これまでと比べると、仕事らしい仕事が待っていました。球場入り口で、阪神・中日戦を観戦に来られた方々に、特製うちわを配るというものです。

六月にくまモン看板を掲出するときに交わした契約の一環として、一日ではありましたが、阪神甲子園球場で熊本県のPRをする機会を作ってもらっていたのです。よって、今日ばかりは、「くまもと」の看板を背負ってのお仕事です。

この日は首位攻防戦ということもあり、早くから黄色いハッピ姿の阪神ファンが行列を作っていました。

熊本から届いたうちわには、「九州新幹線全線開業！

ラッキーちゃんと

大阪↔熊本・約三時間」「2011年3月熊本がグンと近くなる！」と印刷してあり、新幹線の全線開業をしっかりPRしています。が、アップで印刷されているのはなんと！　熊本県宣伝部長スザンヌさんの写真。

なぜくまモンじゃないんだ？　段ボールを開け色めくチームくまモン。

そんな騒動を横目に、**熊本県民も　あまり知らない、熊本のシンボルです。**と、自らつぶやきながら、阪神ファンのお子さまにうちわを配るくまモン。

自虐ネタかい！　と突っ込むチームくまモン。くまモンがなぜか余裕の表情でうちわを裏返して見せると、そこには、しっかり八体のくまモンが描かれ、熊本県のトリビアをつぶやいています。

まあ数で勝負だな、と、落ち着きを取り戻したチームくまモンですが、本当のシンボルへの道はまだまだ遠いなあと、肌身で感じていました。

しかし、この日は、阪神タイガースのマスコットキャラクター・トラッキーくんやラッキーちゃんともお近づきに。試合中には球場内のオーロラビジョンでもくまモンの姿を放映してもらうなど、チームくまモンとしては、着実に関西に足跡を残すことができた一日となりました。

関西と大阪の区別もついてきました。

ちなみに、この日配布した特製うちわは、後にくまモンファンのコレクションアイテムとして希少品となるのですが、当時は想像する由《よし》もないことです。

## ある意味、熊本 背負っています。

「平城遷都1300年祭」の会場にも出没しました。九月十六日、さわやかな秋晴れ！ 吹く風も心地よく感じられる一日です。

このお祭りには、熊本県もブースを出展しており、三日間のお手伝いです。

大阪での活動開始後、しばらくは熊本県の看板を背負わずに「神出鬼没」を続けていこうと決めたものの、正直、辛いものがありました。

まずはくまモンを知ってもらうため、と分かっていても、大阪府だけでも人口八八〇万人の大都会です。どこで出没しても大河の一滴に過ぎないという思いがあります。

そのためか、阪神甲子園球場でのPRや熊本県ブースのお手伝いのような仕事は、ストレートに熊本をPRでき、ホッとするのです。

ころう君、せんとくん、おおつ光ルくんと

また、街中と違ってお祭り会場ですから、ゆるキャラがいても違和感がありません。

全国区のキャラクターせんとくんをはじめ、滋賀県大津市の観光キャラクターおおつ光ルくん、愛知県犬山市の公式キャラクターわん丸君、熊本からは鞠智《きくち》城のキャラクターころう君も姿を見せ、和気あいあいとした雰囲気です。

熊本からも鞠智城鼓楼《ころう》の模型や百済《くだら》系菩薩立像などが出展され、山鹿《やまが》灯籠《とうろう》の技術で作られた朱雀門の模型も飾ってあります。

このときの一番の収穫は、テレビ番組への初出演でした。主役はもちろん、平城遷都１３００年祭のキャラクターせんとくんでしたが、おおつ光ルくんと一緒にスタジオ内のせんとくんの様子を覗いている姿が、ＮＨＫ関西地区で放送されている「ぐるっと関西おひるまえ」という番組で生放送されました（ＮＨＫは平城宮跡特設スタジオを設置していました）。これで、広く関西のみなさんに顔見世することができました。よもやこのような形でＮＨＫに出演（出演と言うのはおこがましい気もしますが）できるとは……、くまモンよくやった！

本人は、しれっと、**ある意味、熊本　背負っています。**

「ある意味」ではなく、立派に背負っているでしょう！と、思わずツッコミ。

今にして思えばチョイ役での出演に大喜びしている初々しいチームくまモンでした。大喜びをしながらも、私たちチームくまモンは、NHKのスタッフと名刺交換をすることを忘れてはいません。少なくとも私たちは、これから長〜いお付き合いをしていただきたいと考えていたからです。

## くましくは、WEBへ！

九月一日の「神出鬼没」開始に合わせ、チームくまモンは、くまモンのブログ「くまモン大阪出張紀行」とツイッター「55kumamon」を開設しました。

「くまモン大阪出張紀行」は、日々の「神出鬼没」を記録に残すだけでなく、後に控えた正式な活動開始の「Xデー」に向け、大阪でのくまモンの活動を蓄えておこうと考えてのことです。

Xデー当日にブログを開設し、公開したのでは、中身は空っぽのままです。公開後初めてブログを見ていただくときに、ある程度の蓄積があれば、公開初日から楽しんでいただけます。そのため一カ月前にブログを開設し、日々の活動の記事をアップしていったのです。

さらに、ブログを見ていただくための秘密兵器も準備していたのですが、それについては後ほど。

ちなみに、平城遷都1300年祭に出没した後の、くまモンの九月中の出没先を時系列で並べてみると、

十九・二十日　せんちゅうパル（全国ふるさと観光物産展）
二十一日　扇町公園、大阪市中央公会堂
二十二日　OCAT、ブリーゼブリーゼ
二十四日　ATC、天保山ハーバービレッジ
二十七日　久宝寺緑地、通天閣
二十八日　道頓堀商店会、千日前商店街
二十九日　花博記念公園鶴見緑地、長居公園
三十日　万博公園EXPO'70パビリオン

となっています。ブログにアップされた写真からも、少しずつくまモンが大阪の街に受け入れられ始めているのを感じることができます。

この間、群馬県のマスコットぐんまちゃん、松江開府400年祭のマスコットキャラクター

あっぱれくん、大分県のキャラクターカボたん、岡山県のマスコットももっち、千日前商店街のマスコットみにゃみんともお友達になりました。

あっさりとした記載になってしまいましたが、

**くましくは、WEBへ！**と本人。

ぜひ、「くまモン大阪出張紀行」でアーカイブを探し出し、ご覧になってください。

あっぱれくん、カボたん、ももっちと

ぐんまちゃんと

ツイッターでは、神出鬼没のくまモンを目撃したフォロワーさんとコミュニケーションを図ることで、口コミによる話題化やブログ「くまモン大阪出張紀行」への誘導を狙いました。

神出鬼没ゆえ、明確に出現先を語るわけにはいかないのですが、ツイッターでは、ヒントになる言葉をつぶやいたりもします。

写真も添付できるので、これに呼応し、出没先からツイートしたり写真を掲載したりするフォロワーさんに、(当時は)こまめに返信するようにしました。少しずつくまモン語も登場。今や恒例となった、フォロワーの誕生日にくまモンから贈られるメッセージ「♪ハッピーバースデーむ～ぎゅ～からのーカプッ☆」も生まれました。

＊くまモンファンの間では、くまモンに「む～ぎゅ～」とハグされると幸せが訪れ、「カプッ☆」と頭を噛まれると、その年は、無病息災で元気に過ごせると言われています……。

チームくまモンとしては、フォロワー数が、くまモン人気のバロメーターになると考えていました。そして、ツイッターは後日展開する、秘密兵器による仕掛けに参加してもらうための周到な準備でもあったのです。

**きっと、あなたも、馬が合う。**

ブログ「くまモン大阪出張紀行」を見ると、熊本のくまモンが、大阪のPRばかりしていることに気づかれることでしょう。

大阪を中心とした出没ですから、どうしても大阪ネタが多くなるのは仕方ないのですが、なんのためにわざわざ大阪まで出かけて、熊本を宣伝しないのか、とお叱りをいただきそうです。

それでかまわない。これはくまモンを売り出すブログであって、熊本を売り出すためのブログではない。私たちチームくまモンは、そう割り切って臨んでいました。

とは言うものの、しがない地方公務員として、言い訳を少しだけ。

小山薫堂さんが以前、熊本にいらしたとき、「自分たちの県を自分で宣伝するより、例えば隣の県の人が宣伝してくれたほうが、人って聞く耳を持ちますよね。互いに隣の県のPRをする。そんな企画ができたら面白いですよね」といった趣旨のことを話されていました。そのときは、確かに的を射た話だと同意しながらも、それがなかなか難しいのですよ小山さん、と内心つぶやいたりもしていたのです。

大阪城をバックに

今回の作戦ではそれを実現してみたかった。地元を離れた大阪でならできるかも、と。

はるか熊本の地からやってきて、大阪に出没し、大阪のPRをしてくれる太っ腹な（いや、外見がではなく）ゆるキャラ。そのゆるキャラくまモンに大阪のみなさんが親近感を持ってくれれば、おのずと熊本にも興味と関心を持ってもらえるに違いない。そんな深謀遠慮がありました（……ってホントかい？）。

その深謀遠慮の中には、大阪のPRに貢献し、大阪府知事から名誉府民の称号をいただく！というのもあるのですが、これは未だ実現に至っていません。府知事！

本人も曰く、**きっと、あなたも、馬が合う**。府知事！（しつこい！）

ただ、ブログでは、大阪城に出没すれば、「ついで」に熊本城の話題にも触れる、肥後橋の近くに出没すれば、大阪と肥後藩（現在の熊本）との歴史的なつながりを語る、といった「さりげない」PRは忘れないチームくまモンでした。

## 子どもだけど、メタボ。

くまモンが大阪で神出鬼没を繰り返す中で、一番出没していたのが新世界です。

新世界は、大阪グルメ「串かつ」の総本山。同地の串かつ振興会では、傘下のお店で毎週金曜日＝フライデーには、串かつ九四円（限定二〇種類）のくしまつりが開催されるという、ダジャレオンパレードのいかにも大阪らしい場所です。

九月七日金曜日、初めての出没です。見上げれば通天閣がそびえ立ち、なぜか大阪名物アメリカ生まれのビリケンさんも鎮座マシマシています。しかも新世界は、九月四日にデビューしたばかりのキャラクターくしたんが出没するところ。同じ年生まれの気安さか、とてもフレンドリーなくしたんとは、すぐに仲よくなりました。

というのも、牛肉串と玉ねぎ串でできているくしたんを見ると、思わず引き寄せられてしまうからです。ほら、よだれが出てるぞくまモン！

さすがにくしたんをかじるわけにもいかず、代わりの串かつを手に取り、どぶづけのウスターソースに串をたっぷり浸して口に運びます。「二度づけ禁止！」のルールを初めて学んだのも、ここ新世界です。

……そんなに食べていると、大人になる前に太っちゃうでしょ！

曰く、**子どもだけど、メタボ。**

くしたんと並んでいると、くまモンの顔も細く見えるから不思議。

くまモンのブログでくしたんを紹介すれば、くしたんのブログでもくまモンが紹介されるというように、仲よくなることで相乗効果も生まれま

通天閣をバックにくしたんと

した。

「くまモン大阪出張紀行」では、先に書いたように、早くから大阪を紹介していますが、くしたんをはじめ多くのゆるキャラにはぜひ熊本に来てもらい、それぞれのブログで熊本の魅力を紹介してもらえればとチームくまモンは考えました。

いっそ招待できないものでしょうか?

「………」

このとき、くしたんから答えは返ってきませんでした。

この後も、くしたんのところには、毎月フライデーに訪問し、親交を深め、大阪で一番のお友達になりました。

でも、くまモンが実は、くしたんの「くし」を狙っていることに、くしたんは気づいていないようでした……。後日、この「くし」が何者かに盗まれるという大事件が起きるのですが……。

## 熊本県は、くまの手も、借りたいらしい。

平成二十二年十月一日、急遽知事からの帰還命令を受け、くまモンは、熊本に戻ってきました。ついに正式な活動開始である「Xデー」がやってきたのです。チームくまモンは、このことをくまモンに内緒にしておきました。ちょっとした「サプライズ」です。

知事から渡されたのは、「くまもとサプライズ特命全権大使を命ずる」という辞令。

九月一日から、肩書きもツールもないままの「神出鬼没」で一カ月間を過ごしてきたくまモンが、やっと肩書きを得ることができました。うれしそうなくまモン。そしてさらなるサプライズのミッションが用意されていました。

「出張先の大阪で一万枚の名刺を渡して、熊本の魅力を発信すること」

知事から、特命全権大使の辞令と併せ、「秘密兵器」一万枚の名刺を渡されたくまモンは、目が点になってしまいました（あくまで文学的な表現です。もとからサプライズ顔ですから……）。

十月から新幹線全線開業の三月中旬まで、一八〇日もありません。その間、「冬眠」も必要です。毎日六〇枚はコンスタントに配らないと目標は達成できそうにありません。

＊当時は非常勤の公務員らしく、十分な「冬眠」時間を確保していましたが、営業部長となった今では、冬眠返上で働いています。

このとき、くまモンは、

辞令交付式に集まった記者のみなさん

さっそく名刺交換

**熊本県は、くまの手も、借りたいらしい。**

と、本気で思ったようです。

それでもくまモン以上の本気の度合いで「くまの手も借りたい」と、蒲島知事が思っていたことに、くまモンは気づいていませんでした。

辞令交付式には、多くのマスコミのみなさんが待ちかまえていて、くまモンはびっくりしていました（あくまで文学的……あっ、しつこい？　すみません）。県内別働部隊もまた、しっかりと「くまもとサプライズ」の普及に取り組んでいたのでしょう。

くまモンは、記者の方々一人ひとりに、もらったばかりの名刺を渡しながら、目いっぱいの愛嬌を振りまきました。

まだまだ知名度は低いくまモン。多くの記者さんにファンになっていただき、記事で取り上げてもらいたいとの下心が……と、これはチームくまモンの思いなのですが、当のくまモンは、そんなことにはおかまいなしに、求めに応じて二枚三枚と名刺を渡しているのでした……。

## 名前を覚えてもらえないので、名刺を作りました。

くまモンが大阪で活動を展開するにあたって考えた秘密兵器のひとつが「名刺」でした。

ゆるキャラに名刺を持たせてどうするのか？と言われそうですが、名もない地方のゆるキャラが大都市で一旗上げようというのですから、まず名前を覚えてもらわなければならないと考えるのは自然な流れでしょう。

というよりも、小山薫堂さんが、実に上手に名刺を活用しているのを、チームくまモンはその著書『考えないヒント――アイデアはこうして生まれる』（幻冬舎新書）を通じて知っていましたから、これを真似しない手はない、と思っていたのです。

小山薫堂さんは、かつて日光金谷ホテルの再生を依頼され、まず従業員に「『ホテルの中でのあなたの一番好きな部分、場所はどこですか』ということを社員全員に考えてもらい」「その中から絵になるところを写真にバシバシ撮って」名刺にし、次に「ホテルの中にポスターを貼り」、「スタッフは一人ひとり違う写真のついた名刺を持っています。全部で三十種類。その三十種類を集めると、金谷ホテルの小さな写真集ができあがりますから、どうぞ、スタッフに声をかけて名刺をどんどんもらってください」と、宿泊に来られたお客様に呼びかけることを始めます。

名刺がコミュニケーションを盛んにする大事なツールであると位置づけ、さらに一工夫することで、ホテルの従業員のモチベーションも上げてしまうという小山薫堂マジックです。

これをヒントに、くまモンにも普通の名刺ではなく、話題になりそうな面白い名刺を持たせることにしました。名刺の裏にくまモンのイラストとコピーを入れたのです。

くまモンは黒とほっぺたの赤の二色で構成されていて、あまり色気がないので、背景に黄、緑、紫、エンジ、青、ピンク、草、紺の八種類の色を用意しました。

さらにそれぞれの色に四種類、計三二種類のコピーを、一緒に仕事をすることとなった広告代理店のコピーライターさんに考えていただきました。三二種類というのは、日光金谷ホテルの名刺三〇種類を超えることを意識した……わけではありません。単に印刷上の紙面割りの効率を考えてのことです。残念ながら。

「名前を覚えて　もらえないので、名刺を作りました。」といったストレートなもの、「くまモンのパチモンが、現れるくらいになりたい。」といった希望、「カラダ　張ってます。おなかも張ってます。」「最初は、みんな、寄ってきて　くれるんだよなあ。」といった自虐ネタ。「よろしくま！」「くましくは、WEBへ！」といった、後に「くまモン語」としてファンに定着した新語等々。

　お気づきになられたかもしれませんが、本書の第一章と第二章の小見出しには、これを使ってみました。

　三二種類もの名刺があれば、集めてもらう楽しみができるかな？　そのため頻繁にくまモンに会いに来てほしいな。トレーディングカードみたいに、ファンの間で交換されるようになれば面白いな、と勝手に想像を膨らませていました。

　この名刺の効果は絶大でした。まず、熊本県庁でお披露目をした、十月一日の「くまもとサプライズ特命全権大使」委嘱状交付式で、さっそく記者さんたちの間で話題になりました。くまモンも直接名刺交換をしながら、
　曰く、**名前を覚えて　もらえないので、名刺を作りました。**

　……まんま、名刺に書いてあるコピーのパクリやん！

　名刺ですから、それぞれ一枚ずつ交換するわけですが、記者さんがお互いに名刺の裏面のコピーを見せ合って、「面白い！」とか「……？」とか感想を話されていました。報道資料として映像に収めるため、複数枚所望される方もいらっしゃいました。

（師匠！）と心の中でガッツポーズです。まさに小山薫堂さんが「こういう名刺を作ることで、マスコミから取材される機会が増えるだろうと考えたのです」と書いているとおりになりまし

くまモンの名刺１万枚！

た。

もちろん、名刺は大阪でも話題になりました。特に何かをPRするわけではなく、「熊本からきました。」と小さく、「くまモン」と大きく印刷された名刺を配るゆるキャラが、縁もゆかりもない大阪の街中に現れ、その名刺が結構面白い。名刺は一回に一枚しか配りませんから、別の名刺が欲しければ、後日あらためて、ということになります。

狙いどおり、一部にコレクターも現れました。さすがにトレカほどブレイクはしませんでしたが、それでも、時間の経過とともに、男女の隔てなく幅広い年代の方々が、くまモンの名刺欲しさに集まってくるようになりました。

ゆるキャラは、若い女性やお子さま以外振り向いてくれないかと思っていましたが、うれしい誤算です。

そして、多くの方々が、そのままくまモンのファンになってくださったのです。

この名刺は、関西方面での配布を目的として作成したので、熊本県内ではほとんど手に入りません。そのためでしょうか、コンプリートした三二種類の名刺にくまモンのサイン入り色紙を付けて額装したパネルを、後日、平成二十三年六月四日と五日に熊本で開催した「東日本大震災復興支援チャリティーバザール」のオークションに出品したところ、なんと二人の方が四万五〇〇〇円！の値段を付けてくださいました。最後はじゃんけんで決着したのですが、洒落のつもりで出品した名刺にこの値段が付いたのには、チームくまモンも正直びっくりしました。

なお、名刺にはブログ検索キーワードやQRコードを印刷してあります。「くまモン大阪出張紀行」のブログを訪れたり、「くまモンツイッター」のフォロワーになっていただくためです。秘密兵器を単なる名刺集めに終わらせない、これも重要な仕掛けのひとつでした。

## カバのひと声で、やってきた、クマです。知事のカバシマさんに言われまして……

さて、熊本でゆっくりしている暇はありません。くまもとサプライズ特命全権大使としての大阪での初仕事が待っています。この夜は、ホテルグランヴィア大阪で開催される「くまもとサプライズザンス観光キャンペーン」キックオフイベントに、蒲島知事、スザンヌ宣伝部長と一緒に出席することになっていました。

スザンヌ宣伝部長、蒲島知事と

山鹿灯籠娘のみなさん、チヨマツと

女将の会のみなさん、スザンヌ宣伝部長と

出席といっても、まだ、スザンヌ宣伝部長が歌う熊本のPRソング「ダイスキ! くまもとファイヤー」のバックダンサーに過ぎません。この世界、人気が一番、と思い知らされたチームくまモン。それでも、ステージ上で、しっかり知事とスザンヌ宣伝部長とのスリーショットに納まるくまモンの抜け目のなさ、というか遠慮のなさは、ここまで一カ月に及ぶ大阪での修業の賜物と言えるでしょう。

さらに、会場の出席者に、先ほど知事から託されたばかりの名刺を配りながら、

**カバのひと声で、やってきた、クマです。知事のカバシマさんに言われまして……**

と、知事を「カバ」呼ばわり……。受け狙いと分かっていながらも、知事の耳に入らないかとヒヤヒヤしているチームくまモンは、やはり、しがない地方公務員です。

会場には、山鹿灯籠踊り保存会や牛深ハイヤ踊りのみなさん、火の国くまもとキャンペーンレディや女将の会の一行に加え、人吉温泉のキャラクター・ヒットくんや八千代座100周年キャラクターのチヨマツも熊本から参加し、お客さまをおもてなししました。

この日は、イベントの前に、最後の収録が行われました。出演は、蒲島知事、スザンヌ宣伝部長、そしてくまモンです。最後というのは、ブログと並行して、この一カ月間、くまモンのさまざまな映像を収録していたからです。この日の収録分を合わせて全四話のショートストーリーが作られ、ホームページで公開されることになっていました。これもまた「くまモン話題化」の一環ですが、内容は後ほど。

このときくまモンは、スザンヌ宣伝部長から、「くまモン！ がんばってね！」と可愛い声で励まされ、頭まで撫でてもらいました。デレデレになって鼻の下を伸ばしていたのですが、最後はしっかりお友達になってもらいました。

**芸能人の 友達もいます。スザンヌです。**

スザンヌ宣伝部長とお友達になった翌日、さっそくスザンヌさんのブログにくまモンが登場しました。どうやらスザンヌさんも、くまモンをお友達と思ってくださっていたようです。喜ぶくまモン。チームくまモンも、有名人のブログでくまモンが話題になったことを喜びました。

でも、

**芸能人の 友達もいます。スザンヌです。**

っていうのは、言いすぎじゃない？ くまモン。

《スザンヌさんのブログから》

くまモンにも名刺があるみたいっヾ(＞▽＜)ノ

くまモンに名刺もらったんだけどね、

そのいろんな名刺が可愛くて、面白いの♪

その中でも気になる内容が。

「いちおう、公務員です。」

くまモンって公務員だったの!?

「芸能人の友達もいます。スザンヌです。」

他にも、
「ある意味、熊本、背負ってます。」
とか
「知事にも顔がききます。」
とか
「写真撮り放題です」
とか
くまモンのオリジナリティ満載の内容♪

32種類ある名刺のひとつ

どこかで名刺配ってると思うから、
くまモン見つけたら受け取ってあげてね♪

## くまモンのパチモンが、現れるくらいになりたい。

十月に入り、「神出鬼没」も少しずつやり方に変化をつけるようにしました。たまに出没を予告するようになったのです。

十月四日、藤井寺市にあるイオンモール藤井寺

船場まつりでの告知ポスター

に出没したときは、事前に折り込みチラシに出没を告知され、店内広告でもＰＲ、さらには館内放送もされました。

館内で「見つけた！」と声をかけてくれるお客さまに名刺を渡したり、一緒に写真を撮ったりとサービス精神旺盛に接するくまモン。

また、十月九日に、船場センタービル主催の「船場まつり」に参加した際も、ポスターを貼り出しました。「くまモンを探せ！」というイベントの告知です。東西の長さが一〇〇〇メートルもあるビルの中にいるくまモンを探し出し、ツーショット写真を撮って受付に来れば、記念品を差し上げるという内容です。記念品は、もちろん熊本をＰＲしたものです。

いずれも主催者は集客効果を狙ってのことですが、くまモンの出演は無料。仮に企画が外れても懐は痛みません。私たちチームくまモンにとっては、まだまだ無名のくまモンを売り込むよい機会です。互いにウィン・ウィンの関係が築ける企画として事前に打ち合わせをし、実施に結びつけることができました。

本人曰く、**くまモンのパチモンが、現れるくらいになりたい。**

チームくまモンも、早くそんなときが訪れることを期待しながら、といって、本当に現れてもらっても困るのですが……。

こうした各方面への地道なアプローチが実を結び、某大手百貨店での催事にも呼ばれるようになり、新聞折り込みの催事案内に「くまモンが来店します！」と記載されるようになるのですが、それはまだ先の話です。

カンクン、モー助、ブービィと

なお、「船場まつり」では、くまモンが主役を務める「ゆるキャラステージ」も開催していただきました。初の主役！……といっても、他にも関西国際空港のカンクン・ブービィ、船場のお膝元・南御堂のキャラクター・ブットンくんや但馬《たじま》牧場公園のモー助も登場してのステージです。それでも少しずつ「大阪のゆるキャラ」としての地位を確立しつつあるくまモンでした。

## ウソでもいいから、「かわいい」って 言って！

十月十二日。いよいよ本格的なメディアデビューの日がやってきました。この日、JR西日本の大阪環状線の各駅構内や電車の中吊り広告に、くまモンのポスターが貼り出されたのです。「熊本からやってきました。しばらく大阪におじゃまします。見かけたら声かけてください。くまモン」

というご挨拶のポスターに続き、大阪で受けそうなポスターを五〇種類各一枚ずつ製作し、各駅に貼り出しました。

パソコンで作った原稿を製版せずに直接印刷できるようになったおかげで、このような展開が可能となったのですが、コピーライターさんは大変だったと思います（いや、むしろ、やりがいがあったと言うべきでしょうか……）。

「刺激がほしいなら　カレシより　カラシ。」

「優勝しなくても　飛び込みたくなる　川がある。」

「『森』ノ宮なのに都会すぎる。」

「熊本城も、熊本嬢も。」

「熊本で　くいだおれ!!」

「その目のくま、くまもとで　取りません？」

ごあいさつのポスター

「きっぷと休暇の　とり忘れに　ご注意ください。」

と、くまモンがポスターにちょっとだけ顔を出し、つぶやくパターンで構成されています。

そして右下に、

くまモン大阪　検索

と入れて、ブログにお誘いしています。

「なんや、おもろいポスターやなあ」と思ってもらい、

暇つぶしにブログを見てもらえればしめたものです。

でも本人は、「おもろい」と言われるより、

**ウソでもいいから、「かわいい」って言って！**

都会には、とにかくポスターが溢れています。みなさんも、ポスターを貼る側としてではなく、生活者として街を歩いていて、ポスターに目を留めることがありますか？　好きなタレントのポスターにはすぐ気づくかもしれません。車が好きなら車のポスターには目を留めるで

しょう。でもそれ以外はいかがでしょうか？

関心のない人にポスターを見てもらうのは、とても大変です。ですから、貼る以上は、見てもらう工夫が必要です。

くまモンの「神出鬼没」は、その工夫のひとつでした。街中で見かけたり、たまに新聞やテレビにも映っているくまモンって、コレだったのね！と思ってもらうための工夫です。

また、新聞には小さいながらもカラー広告を出稿し、ラジオ出演も果たし、メディアミックスによる相乗効果も狙いました。

手前味噌で恐縮ですが、結構目立つポスターに仕上がっていたのではないでしょうか？　平面的で、直球のメッセージ。今どき他では見られない仕上がりだと思うのですが……（あっ、手前味噌どころか、独りよがり……）。

五〇種類のポスターも「くまモンオフィシャルサイト」でご覧いただけますので、どうぞお立ち寄りください。

## 能ある熊です。自分で言うのもなんだけど

ここで、これまでの「くまモン神出鬼没大作戦」を振り返ってみると、
1　くまモンをメッセージ性抜きで関西各地に出没させる

2　ブログに活動報告をアップする
3　ツイッターで出没状況をつぶやく、つぶやいてもらう
4　素性を明かす面白い名刺を配布し、ブログとツイッターへ誘導する
5　新聞、ラジオ、交通広告のメディアミックスで、さらに認知度アップを図る

となります。

ここまでは第一弾。おおむね九月から十月にかけて実施されたものです。

この約二カ月間の神出鬼没先は、延べ七二カ所、ブログ更新は、六六回、ツイッターフォロワー数は、二六〇〇人になりました。

新聞広告のひとつ（産経新聞2010年11月23日）

そして、十一月。これからが第二弾。名づけて「くまモンを探せ大作戦！」。

「大阪で失踪したくまモンを探すため、知事が緊急記者会見を行う」というサプライズからスタートします。

少しずつ増えてきているブログの読者やツイッターのフォロワーに新たな話題を提供し、さらにコミュニケーションを活発にするため、失踪したくまモンの目撃情報をツイッターに寄せてもらおうという作戦です。

FM802のDJ、熊本出身の中島ヒロトさんの番組にも出演

シナリオは、「知事から関西で一万枚の名刺配布というミッションを与えられたくまモンが大阪の魅力にハマり、ミッションの途中で音信不通になる。心配した知事が緊急記者会見を行い、ツイッターに目撃情報を寄せてほしいと依頼する。くまモンはスザンヌ宣伝部長の励ましを思い出し活動再開。多くの大阪のみなさんの激励と協力で見事ミッションを達成する」というもの。

主人公＝くまモン、目標＝名刺配布達成、敵＝大阪の魅力、ピンチ＝音信不通、味方＝スザンヌや大阪のみなさん、勝利＝ミッション達成、という、ストーリー展開の王道に沿っています。

これを映像化し、全四話のショートフィルムを作成。十一月から順次くまモンオフィシャルサイトにアップしました。

作戦開始に先立つ九月の会議では、

「知事の出番が多いけれど、協力してくれるのかな?」

「う〜ん、ここは知事にも役者になりきってもらわないと」

「知事の場合、演出はいらないよ、いつもどおりやってもらえれば」

「うん、いいんじゃない！」（出たあ！）

ストーリーは仕上がったものの、肝心の知事に意向を確認しないままのスタートという綱渡り。まだまだ詰めが甘いチームくまモンでしたが、ほどなく快諾を取りつけての収録開始となりました。

蒲島知事には、いつも記者会見を行う知事応接室で、ダミーの記者会見を行ってもらいました。先にお話しした、ホテルグランヴィア大阪で開催された「くまもとサプライズザンス観光キャンペーン」のキックオフイベント会場で、来場したスザンヌ宣伝部長も加わって収録したのも、このシナリオのためのもの。ミッションを伝えるシーンと達成のシーンを撮影しました。

もちろん、これ以外のくまモンの登場場面については、九月の神出鬼没の合間を縫って、大阪各地で大々的にロケを敢行!?したのは言うまでもありません。くまモンも名？演技を見せてくれました。

本人曰く、**能ある熊です。自分で言うのもなんだけど**
確かに立派な役者ぶりだったけれど、自分で言うのはなんだよね。

全四話のタイトルは、

スザンヌさんの手描きポスター

第一話「熊本県知事緊急記者会見　くまモン、失踪!?」
第二話「くまモン、大阪へ行く！」
第三話「くまモン、大阪の魅力にハマル!!」
第四話「くまモン、任務完了！」

「起・承・転・結」にせず、「転」を最初にアップしたのは、知事本人が登場しての「緊急記者会見」というサプライズ演出でのスタートのほうがインパクトがあると判断したからです。

ぜひ、ウェブ（くまモンオフィシャルサイト）でご覧になってください。

大阪では「くまモンを探せ大作戦！」に沿った新たなポスター展開も行いました。

使ったのは、スザンヌさんの手描きポスター「クマってます。」です。

スザンヌさんには、忙しい仕事の合間に、くまモンの似顔絵やメッセージを書いていただき、そのままポスターにしてしまいました。とても可愛い仕上がりとなりました。目立ったんじゃないかな、これは。

## くまタンでも、くまやんでもない！

「くまモンを探せ大作戦！」では、FM802で、ラジオCMを放送しました。お笑いの本場、大阪らしい内容に仕上がり、チームくまモンも思わずフフフと笑ってしまいました。文字だけでどれだけ伝わるかは分かりませんが、三編のうちの一編をご紹介しましょう。

《くまモン出没ラジオCM「電話編」》
女性「くまモン見んかった？　あんたの会社の近くにおるみたいなんやけど……」
男性「くまモン？　なんやそれ？」
女性「くまモンや！　スザンヌの友達の！」
男性「芸能人？」
女性「ちゃう！」
男性「くまモン言うくらいやから……くま？」
女性「あんた、それ言うたらアカンわ。一番言うたらアカンことやわ。くまちゃうねん。くまキャラやねん」
男性「くまキャラ？　どんな奴やねん？」
女性「体が大きくて……目が大きくて……」

男性「くまっぽいんか？」
女性「くまちゃうねん」
男性「まあ、そらええわ、今どこおるんや、それは？」
女性「今は……本町で名刺配りナウなんやて」
男性「サラリーマンのくまなんか？」
女性「だ・か・ら……くま、あっ、今、新地のすし屋でサーモンナウなんやて」
男性「それ、やっぱくまちゃうの？」
MC「くまモンて何モン？　只今大阪出没中！　くましくは、くまモン大阪で検索を！」

これを試聴して、
本人曰く、**くまタンでも、くまやんでもない！**　くまモンはくまモンや！
……って、くまモン。いつから関西弁？

**知事と直接、話ができます。**

「くまモンを探せ大作戦！」開始早々の十一月初め、突然秘書を通じて、蒲島知事から「新幹線沿線の広島、岡山も大事にしたい。そこで十一月十一日に両県知事を表敬訪問するからくまモンも同行するように」とのお達しがありました。

知事表敬は、ほぼ間違いなく地元マスコミに報道され、コストパフォーマンスの高いPR効果が期待できます。知事も当然これを承知の上で、これまでも大阪府知事、京都府知事などを訪問し、九州新幹線全線開業をPRしてきました。

今回は、くまモンも同行させ、くまモンの知名度もアップさせようという、温かい配慮ではあります。……が。

岡山県知事表敬

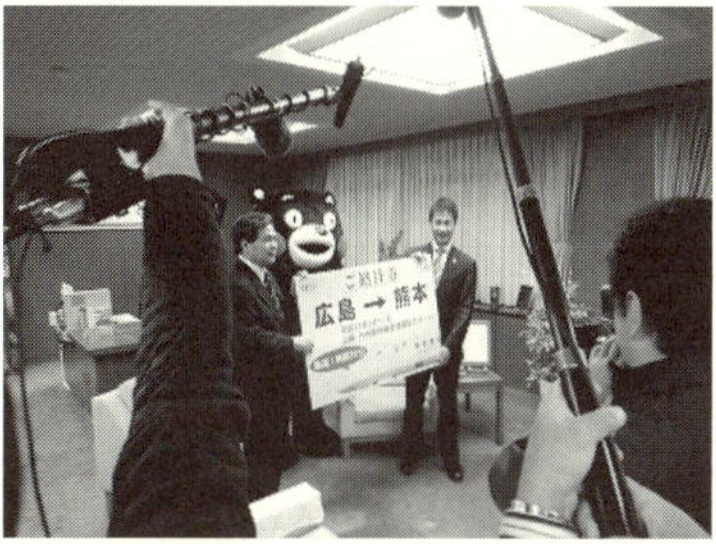

広島県知事表敬

「知事ぃ〜。今くまモンは失踪中で、知事からの電話にさえ答えないというストーリーで『くまモンを探せ大作戦！』を展開中じゃないですかぁ。そんな中、知事がくまモンと一緒に両県知事を訪問するなんて、ありえないですよぉ〜。報道されれば、失踪中じゃないことはバレバレ。どうするんですかぁ」とは、さすがに知事に言えません。せいぜい上司に愚痴るのが精いっぱいの、しがない地方公務員です。

私たちチームくまモンが恐れていたのは、ネット上での批判や炎上でした。県の事業でブログやツイッターを活用するのは初めてで、どんな方々が見てくださっているのか分かりません。ちょっとした発言や対応のまずさで大手企業のブログやツイッターが批判に晒《さら》されたり炎上したり、という事件が話題になっていた時期です。私たちもこういったことには結構神経を尖らせていたのです。

しかし、蒲島知事だけでなく、広島、岡山両県知事の日程も含めて調整するのは、とても大変なことです。やっと日程調整ができたということであれば、それが失踪まっただ中であろうがなかろうが、知事の忠実な部下チームくまモンとしては、業務遂行あるのみ。当日は知事に従い、「特急リレーつばめ&新幹線のぞみ」車中のくま?となったのでした。

＊法律に詳しい読者の方からは、「くまモン、電車に乗れるの?」とツッコミが入るかもしれません。ご指摘のとおり、先に述べたように、未だ「キャラ権」が確立されていない現在、公共交通機関にゆるキャラが乗車することは認められません。そのあたりの事情は、みなさま、どうかご理解のほどを。

当時は新幹線が通った今よりも移動に時間がかかりました。車内ではくまモンが、広島なら広島風お好み焼きにカキフライ、岡山ならキビ団子やママカリと思いをめぐらせていましたが、「くまモン、今日は日帰りだから忙しくなるよ。開業すれば、日帰りでも向こうでゆっくり食事ができるようになるんだがね」

と、心中を見透かしたかのように、知事が声をかけます。

初めて知事とゆっくり過ごすことができると思っていたくまモンに、カウンターパンチのような知事の一言でした。

曰く、**知事と直接、話ができます**。

いくら直接話ができても、お好み焼きやキビ団子を食べられなければ、知事と一緒でも意味がないとばかりに、イヤイヤのポーズを取るくまモン。「場をわきまえろ！」と、知事の様子をうかがいながら、なだめすかすチームくまモン。道中が思いやられます。

幸い、ウェブ上で展開中のショートストーリーは、みなさん、洒落のきいた熊本県の県外広報と受け止めてくださったようです。「失踪中なのに、なんで知事と一緒にいるの」と批判されることもなく、心配したような事態は起こりませんでした。

## これでも、仕事中です！

ショートフィルムの中では、大阪の魅力に負けて途中でミッションに挫折し、失踪していたくまモンですが、実際は、週二日の公務員らしいお休みを取りつつも、大阪市内を中心に日々「神出鬼没」を繰り返し、ファンを獲得していきました。

ファンの中には、ウェブのショートフィルムをチェックしていて、

「くまモンは、確か失踪中じゃないの？」

と笑いながらくまモンに訊ねる人もいましたが、

曰く、**これでも、仕事中です！**

と軽くかわして、笑いを誘い、しっかり名刺を渡します。

手ぶらで「神出鬼没」を行うよりも、やはり名刺という切り札があったほうが、コミュニケーションが取りやすい。名刺に書かれたさまざまなコピーがさらなる笑いを誘い、その「笑い」で一気にくまモンファンに取り込んでしまうという、勝利の方程式！

（師匠！）と、心の中で再びつぶやくチームくまモン。

おかげで、予想よりはるかに早い十二月五日に一万枚の名刺配りを達成しました。

目標達成（成功）にはご褒美が決まりごと。チームくまモンは、目標達成の暁《あかつき》にはご褒美が待っているからとくまモンを叱咤激励し、くまモンもその口車？に乗せられ、ここまでがんばってきました。

くまモンにとって残念だったのは、ご褒美が、大阪のたこ焼き食べ放題ではなかったことで

しょうか……。

それはさておき、ご褒美第一弾。大阪駅地下構内にポスターを掲示しました。ひとつは「思えばずいぶん、配ったモンだ。」のコピーで一〇メートル幅の超特大ポスター。もうひとつは、昇る朝日を背景に両手を上げて喜ぶくまモンの特大ポスター。コピーは「ともだち1万人できました！」。

このポスターには、サブポスターとして、スザンヌさんからのお祝いのメッセージも丸ごと一枚のポスターにして添えました。

「名刺配り一万枚達成、謹んでお慶び申し上げます。」

「くまモンの日記、いつもHPで見てたよ。」

「芸能人ではなく、熊本人として、応援していました。」

「くまモン、『よろしくま』で流行語大賞ねらってたのにね」

「思えばずいぶん、配ったモンだ。」

「ともだち１万人できました！」

また、くまモンからのお礼の言葉もポスターにしました。

「東京だったら、人気モンになれなかったかも。」

「ブームはともかく、ニュースにはなりました。」

「温かい目を、ありがとう。厳しい目も、ありがとう。」

「ありがとうと言いたい人が、たくさんいるって、幸せなことだったんだ。」

「女性に大人気でした。」

「名刺を渡せた人も、渡せなかった人も、ありがとう。」

「アイスコーヒーをごちそうしてくれた人もいた。」

「大阪での忘れられないことが、やさしくされたことで、よかった。」

「ともだち1万人できました！」のポスターには、全面に二〇〇枚の「㊗マーク入りカード」が貼り付けられていました。これを一枚ずつはがして持参すると、持参した人はご褒美がもらえ、少しずつ、ポスターが見えてきます。「なんとしてでも、見てもらおう！」という仕掛け満載、サプライズ満載のポスターに仕上がりました。


ご褒美第二弾。こちらは、くまモンを支えてくれたファンのみなさまへ。

チームくまモンがオリジナルで製作した「くまモン携帯ストラップ」を五〇〇名の方にプレ

ゼントしようという、太っ腹な企画です。こうしたご褒美を用意することでファンを増やしていこうという、用意周到な?計画でもありました。

ただ、製作にあたっては、それなりに苦労がありました。試作品がくまモンに似ていないのです。もともとシンプルなくまモンの姿形ゆえに、わずかな違いで、まったくの別ものになってしまいます。三カ月の間、何度か試作品のやりとりをし、どうにかファンのみなさんに提供するにふさわしいレベルのものができあがりました。

非売品のくまモン携帯ストラップ

非売品のハンドタオル

ストラップ以外にも、九月からスタートした大阪展開では、「くまモンピンバッチ」「くまモン金太郎あめちゃん」「特製ハンドタオル」など、折々に「オリジナルくまモングッズ」を配布し、そのいずれもが人気を博してきました。

これらの多くは、大阪展開の中で配布されたので、いまや地元熊本でも滅多に手に入らないレアなグッズになっています。なんといっても非売品ですし。

そして、ご褒美第三弾。これはくまモンへの、大阪ならではの粋な計らいです。名刺一万枚配布達成から五日後の十二月十日夕方、くまモンは、誘われるままに、千日前にある「大阪プロレス」へ向かいました。十一月三十日の初観戦以降、二回目の訪問です。

もとはと言えば、十一月六日、法善寺前本通り商店街の秋祭りに合わせ出没した際、通り沿いの大阪プロレス前で飲み物などを販売していたレスラー、ビリーケン・キッドさんやくいしんぼう仮面さんに名刺をお渡ししたのがきっかけで、後日、吉野レフェリーから直々にお誘いをいただいて、十一月三十日の観戦が実現したのです。

このとき、すっかり大阪プロレスにハマったくまモン。リングの上に立ちたいとまで思っていたことにチームくまモンは気づいていました。そこで、サプライズなご褒美を考えたのです。

案内に従い場内に入ると、「関係熊席くまモン様」と書かれた特別シートが用意されています。リングサイドで試合を観戦してもらおうというのです。そして……。

試合中、「関係熊席」で観戦していると、場外乱闘のお決まりの場面で、ビリーケン・キッドさんのハリセン攻撃を脳天に食らったり、コーナーでの攻防では突然指名を受け、「熊の手」を貸して勘十郎さん（レスラーさんの名前です。歌舞伎役者じゃありませんから）に加勢したりと、絡みの場面をたくさん用意していただきました。十分に参戦気分を味わえたはずです。

試合終了後には、チームくまモンにも知らされていなかった、さらに特別な「サプライズ」が待っていました。

胴上げ後、大阪プロレスのみなさんと

なんと、名刺一万枚配布達成のお祝いとして、くまモンがリング上に招かれ、吉野レフェリーやレスラーのみなさんによって胴上げをしてもらったのです。

宙に舞うこと三回。その間、観客のみなさんの温かな拍手と声援が止《や》みません。胴上げされるくまモンの姿が次第に滲んでくるチームくまモン。

「大阪での忘れられないことが、やさしくされたことで、よかった。」とくまモン同様にチームくまモンも感じ入り、観客のみなさんと一緒に拍手を続けたのでした。

このサプライズは、なぜか？取材に来ていた「熊本日日新聞」の記者さんや、「NHK大阪放送局」のカメラさんにより、熊本と大阪で報道されることとなり、くまモンはさらに一歩、プロレスラー、もとい、人気者への階段を登ったのでした。

## ウラのない、おもてなし、学んでます。

さて、「くまモン携帯ストラップ」は、到着日がクリスマスの直前になるような配慮をしました。お送りするにあたって、くまモンのメッセージカードと肉球のお印を添付するという凝りようです。

「送る」のではなく「贈る」という気持ちで、ファンのみなさんがどうすれば喜んでくださるか、あれこれイメージしながらのお仕事となりました。

曰く、**ウラのない、おもてなし、学んでます。**

チームくまモンにもまた、少しずつ「くまもとサプライズ」の精神が浸透しつつあるようです。

クリスマスプレゼントとしてお贈りした「くまモン携帯ストラップ」は、多くのファンの方方に大変喜んでいただきました。お礼状もたくさん届き、くまモンやチームくまモンにとっても「サプライズ」な年末となりました。

そして、その年末。くまモンに年賀状を送りたい、とのツイートも多くなり、ブログで、送り先をお知らせすることにしました。

明けて平成二十三年一月。いよいよ九州新幹線全線開業の年です。

くまモンには、手書き、手づくり、愛情満載の年賀状が多数寄せられました。

「新幹線が開通したらくまモンに会いに熊本に行きたい」

くまモン宛の年賀状を見る小山薫堂師匠

「くまモンと知り合って、がぜん熊本に興味がわいた」

といったメッセージが多くの年賀状に書かれており、これまでの活動が少しは実を結んだのではないかと、くまモンも両手を上げて喜びを表現していました。中には、

「くまモンの話題で家族の会話が増えました」

といったものも。家族の幸せに多少なりとも貢献できているんだ……。

感激を胸に、年賀状の返事をくまモンと一緒に準備していた作業中、

「すぐに、バレンタインデーですよね」とメンバーの一人。

「お返しのホワイトデーのことも考えないといけませんね」

「さすがに、葉書だけというわけにはいかないよねぇ……」

多少の出費を覚悟したチームくまモンでしたが、本当にホワイトデーのお返しができたらどんなによかったことか。この年のホワイトデーを、日本中がどんな思いで迎えることになるのか、未だ知る由もないことでした。

## オスじゃなくて、男の子！

甲子園、新世界（串かつ）と並んで、ぜひとも大阪で「足跡」を残したかったのが「吉本新喜劇」でした。

お笑いの本場「吉本」の舞台に立つことは、くまモンだけでなく、チームくまモンにとっても大阪展開スタート時からの夢です。

その夢を現実のものにしたい！と、さらに強く思う出来事が、大阪で起きました。

話は前の年の九月まで遡ります。

「くまモンを探せ大作戦！」に向け大阪各地でロケを敢行する中、くまモンは、とんぼり（道頓堀）リバークルーズに乗り込みました。湊町船着場を起点に、道頓堀川、木津川、堂島川、東横堀川と時計回りに回り、再び湊町船着場まで、およそ九〇分の船旅です。

まだ日差しは強いものの、さすがに水面を走る風は涼しく、くまモンもリラックス、撮影は順調に進みます。岸辺から手を振る人たちに手を振り返すくまモン。少しずつ大阪に慣れてきている様子も垣間見られます。

チームくまモンもリラックスし、風に吹かれながら岸辺に目を向けると、若い男性二人が見つめ合いながら語り合っている光景が目に入りました。

「なんやねん？　さすが都会や。ゲイの人たちも結構あけっぴろげやなあ」

と、チームくまモンのメンバーがへたくそな大阪弁でつぶやくと、

「ゲイの人たちやない。芸能人の卵や」

とんぼりリバークルーズ

と、突然隣に現れたおばちゃん。

「ゲイのオジンの卵？」

「あほ！　何ボケてんねン。ゲイノウジンのタマゴ。若手お笑い芸人のことや。他に練習する場所がないさかい、道頓堀沿いの公園で練習しとるんや。ほら、あそこにもおるやろ」

と教えてくれます。意識して見ればあちらこちらに練習をしている二人組がいます。

「確かに……」と言い終わる間もなく、

「ほら、食べ。あんたも大変やな。いくら相方がおらんかて、あんなデカいくまのぬいぐるみと組んで練習かい。がんばりや」

（出た！　大阪のおばちゃんの定番、あめちゃん！）

「いや、ぬいぐるみじゃなくて……、しかも練習なんかじゃないですから……」

「あほやなあ、分かっとるがな。冗談や冗談。あんたらには、お笑い芸人は務まらん。せやけど、あんた、もっと気の利いた受け答えができへんと、そこのぬいぐるみも大阪でやってけへんでぇ。ところで、くまモンは、オスなんか？　メスなんか？」

なんや、おもろいやりとりをしとるなあ、と近くに寄って聞いていたくまモンがすかさず、
**オスじゃなくて、男の子！**

って、おばちゃん、知っとるやんか！　くまモンを。と、振り返れば、既におばちゃんの姿はなく……。

（キョウレツなおばちゃんやな……最後までおばちゃんのテンポについていけへんかった……オレら、大阪でやっていけるんだろうか？……）

とことんヘコんで、船着き場に到着。

既に陽も傾き、船着き場の壁には、はがし忘れたのか「水都大阪２００９」の破れかけたポスターが風に音を立てています。ポスターには道頓堀川に並んで浮かぶ平松市長と橋下知事の

笑顔。

そう言えば、この頃は、平松さんと橋下さんも仲よかったんだよなあ……いくら気の合った相方がおっても、長続きさせなあかん。なあくまモン……。って、くまモンは相方じゃありませんから……。

「見てろぉ！　おばちゃん！　くまモンをピン芸人？として吉本の舞台に立たせたるワ」

と、大都会のビルの谷間に沈みゆく夕陽に向かって、こぶしを振り上げ、雄叫びを上げるチームくまモン。

既に舞台の上に立っているつもりなのか、チームくまモンの演出も過剰です。

## スザンヌといっしょに、熊本代表やってます。

さて、そのときは強い思いを抱いたものの、ときとともに忘れかけていた某月某日、チャンスは、向こうから訪れました。吉本興業から声がかかったのです。

ちょうど吉本興業では、地域のコンテンツを発掘しようという「エリアプロジェクト」を開始したばかりで、乗っかってくれる自治体を探していたのです。

既に鳥取県が一番乗りし、一月には、「なんばグランド花月」の舞台に知事が登場し、鳥取県をPRすることになっていました。

鳥取県と同じことをしていても、話題にはなりません。会議です。

「まあ、くまモンを舞台に上げるのは当然のこととして……」

とんぼりクルーズでの一件が蘇ります。

「いきなり当然のこととして……、と言っても、前代未聞でしょう、吉本にとっては？」

「……そ、そう？」

「ゆるキャラが舞台に立ったことってないの？」

「分からん。が、事前に打ち合わせをして、くまモンが登場しても不自然のない台本にしてもらうしかないね。くまモン抜きに今回の話は進められんよ」

「知事はどうしよう？　既に鳥取県知事が登場していて、話題性に欠けるよね」

「知事に、吉本お決まりの、コケさせるン？」

「政治家がコケるのは、さすがにマズいんじゃないか？」

「鳥取の知事は演劇部出身というじゃないか。ここは元東大教授という学者知事が吉本の舞台に立つという意外性が面白いんじゃないのか？」

「それって、内輪受けでしかないでしょ」

「いやいや、内輪受けも大切よぉ」

と、今回もまた知事の意向を確認せずに、議論だけが白熱する中、

「……あのお……、もちろんテレビ放送もお願いするんですよねえ……」

「？？？」

「だって、土曜日にテレビで『よしもと新喜劇』が放送されているじゃないですか。舞台に出るだけなら、客席のお客さんしか見ることはできないけれど、テレビで放送されるなら全国で見てもらえるんですよ」

蒲島知事、スザンヌ宣伝部長、くまモン on 吉本

「そ、それ、いいんじゃない……」

「鳥取県は、やってませんよね」

「やってない！……やれるの？」

「鳥取は、そもそも県内で中継されてないから、考えてもいなかったんじゃないか？」

「くまモンと知事がコンビを組んで吉本の舞台に立ち、テレビで全国放送！　これなら話題になるよ」

「コンビって。いやいや、漫才をやってもらうわけではないでしょ」

「いずれにせよ、交渉だよ。言うだけならタダ。黙ってても、もったいないでしょ」

「だんだん、考え方まで大阪ナイズされてきてへん？」

「下手な大阪弁！　大阪ナイズ、と言うより、薫堂ナイズと言うてほしい」

「……あのお……」

「またぁ？　今度は何？」

「……華がありませんよね」

「……ハナ？」

「もし、ですよ。もしテレビ放送なら、もっと華が必要ですよ。失礼ながら、知事とくまモンだけでは……。ここはスザンヌ宣伝部長にも登場してもらわないと」

くまモン曰く、**スザンヌといっしょに、熊本代表やってます。**

「いいんじゃない！　いいんじゃない！」

(おお！　ダブルいいんじゃない！)


さっそく、スザンヌさんの事務所に掛け合い、出演の快諾を得ました。吉本興業には、ダメもとで、舞台だけでなくテレビ放送についてもお願いし、事前の記者会見の実施、さらに「なんばグランド花月」前での物産展、舞台での観光ポスター掲示、知事やくまモン出演時の地元マスコミによる舞台取材の受け入れなど、思いつく限り要望。ありがたいことに、吉本興業は、ほとんど全てを受け入れてくれました。

幸いだったのは、吉本興業も自治体と組んだ事業を始めたばかりで、自治体と組んでどんなことができるか確かめたい思いがあったのでしょう。テストケースみたいなもので、私たちのさまざまな提案について、本当によく、前向きに検討してくださいました。

## カラダ　張ってます。おなかも　張ってます。

平成二十三年一月十四日。一月二十四日から始まる「熊本ウィーク in なんばグランド花月えーで！　近いで！　くまもと！」の記者会見当日となりました。

県からは、蒲島知事とくまモンが、吉本興業からは、よしもとクリエイティブ・エージェンシー会長、今いくよさん・くるよさん、そして、未知やすえさんが出席されました。

九州新幹線全線開業を三月に控え、関西のマスコミも次第に沿線各県の取り組みに関心を持ち始めていました。特にくまモンが活躍する熊本県の広報展開には、各社関心に加え興味を示しており、事前に多くのマスコミから取材の申し込みも入っています。

チームくまモンは、ここでまた策を講じることにしました。多くのマスコミが集まるのに、ただ舞台の宣伝だけでは「もったいない」。吉本からオオモノの今くるよさんが登場するのなら、こちらもオオモノを登場させよう、と、世界最大級のかんきつ類、八代産晩白柚《ばんぺいゆ》を持参し、

晩白柚を抱えて

記者会見のテーブルの上にドンとディスプレイしました。

記者会見の最中、くまモンから今くるよさんにお土産として手渡されました。

残念だったのは、今くるよさんとくまモンが持つと、さすがの晩白柚も小さく見えてしまったことでしょうか。

それでも、今くるよさんが、晩白柚を片手に、サービス精神旺盛で、

「どやさ！」

とお腹をたたきながら、持ちネタを披露すれば、くまモンも、

「どやさ！」

と物真似をして応えます。

曰く、**カラダ　張ってます。おなかも　張ってます。**

一月二十四日からの本番「熊本旅館騒動記」では、コケる場面もあるから、ホントにカラダ張ってがんばってね、くまモン！

記者会見が順調に進むのを見ながら、「おばちゃん！　やったで！　これでくまモンも吉本

デビューや！」と心の中で叫びつつガッツポーズのチームくまモンでした。

この記者発表は、テレビやウェブニュースを含め、北は青森の「東奥日報」から南は「熊本日日新聞」まで四六の媒体で、舞台本番のときは、二三の媒体で取り上げられました。熊本県の認知度向上の面では、費用対効果は計り知れないものがありました。

## 写真、撮り放題。

九州新幹線全線開業を二十日後に控えた平成二十三年二月十九日と二十日、私たちチームくまモンは、「なんば湊町リバープレイス」で、「くまもと逸品縁日」を開催することにしました。開業前の最後の大規模イベントです。

これは、熊本の新幹線沿線の市町村を中心に、熊本のうまいものや観光地を大阪のみなさんに知っていただこう、というもので、なんばでは初めての開催です。米粉パン、トマピーエン（八代特産のトマト入り太平燕《タイピーエン》。太平燕は熊本ご当地グルメの具がたくさん入ったスープ春雨）、水俣ちゃんぽんなど、県外に初めて出店するところも少なくありません。

九州新幹線開業を前に、関西でも少しずつ熊本や鹿児島が報道などにも取り上げられ、露出が高まりつつあるとはいえ、しょせん四七（都道府県）分の一に過ぎないとの思いも勝り、お客さまが集まるのかという不安が募ります。

そこで、私たちは、産経新聞社が毎年開催している「ミナミあっちこっちラリー&逸品縁日」の企画に乗ることにしたのです。

ミナミの街中でウォークラリーを行い、その最終地点が「湊町リバープレイス」になっており、「くまもと逸品縁日」の会場でもあります。確実に人が集まる仕組みです。

ただ、「ミナミあっちこっちラリー」は、二十日日曜日だけの開催です。出店者のことを考えると、少なくとも二日間は店を開かないと売り上げにつながりません。

十九日土曜日の集客をどうするか？ また会議です。

「あのぉ……『くまモンファン感謝デー』と銘打って、ステージイベントで会場を盛り上げるというのはどうでしょう？」

恐る恐るといった感での提案です。

「くまモンファン感謝デー？」

「ええ、これまで神出鬼没やらポスター展開やらで、結構くまモンも人気が出ていると思うんで、知り合いになったくしたんや、いしきりんちゃんなどのゆるキャラにも来てもらって、一日中ファンのみなさんと触れ合ってもらおうかと……」

「ファン言うたかて、ほんまファン来るん？」（お、突然の大阪弁！）

「最近では、追っかけもいますし、ツイッターやブログで呼びかければ、それなりに集まるのではないかと……」

「それなりに……言うたかて、ほんまそれなりの数来てもらえへんと、わざわざ熊本から出店してもろたみなさんに申し訳立たへんで」

「確かに。でも、これまでくまモンに届いたクリスマスカードや年賀状の数を見ても、結構な数のファンは、いるかもしれませんね。ただ、会場まで果たして足を運んでもらえるのかどうか……二月の屋外は寒いでしょうし……」

チームくまモンの中でも、どの程度くまモンファンがいるのか、わざわざなんばまで来てくれるのか意見が分かれるところです。

侃侃諤諤《かんかんがくがく》、喧々囂々《けんけんごうごう》……とまではいかないにせよ、議論が白熱します。そして、

「よしもと！　じゃなくて、ダメもと！　で、やってみよう。……えっ？　みんな何コケてんの？　どうせ他にええアイデアないんやろ。これまでチームがやってきたことの答えみたいなもんや。方向は間違ってない思う。だったら集まるんちゃうやろか。いや、きっと集まる。自信持とう。万が一にも集まらへんかったら、頭下げて回ればええし、そんときは、今後の大阪展開も軌道修正せなあかん」

（おおぉ！　いつもの「いいんじゃない！」じゃないんじゃない。……ややこし！）

「それでしたら、『くまモンミュージアム』も作って、これまでのポスターを全部貼って、吉

本新喜劇出演のときに芸人のみなさんからいただいたサインとかも飾って、見てもらうのはどうでしょう？　それから、サイン会も開きたいんですけど……」

「……ミュージアム？　サイン会？……サインて、くまモンがサインするン？　なんや、だんだんあほらしゅうなってきたけど……、分かった。まかせるわ。好きにしい」

このように、常にくまモンと行動を共にし、肌で人気を感じ取っている担当者と上司との間に若干の温度差はあったものの、最後は担当者の意見が尊重され、「くまモンファン感謝デー」が「いいんじゃない！」となりました。それにしても、リーダーの大阪弁、結構いいんじゃない！

そして当日。

天気には恵まれたとはいえ、冬真っ盛りの二月。白い息をはきながら一〇時の開店に向け準備が進められる中、三々五々集まる人、人、人……。

「玉名産イチゴはどこでもらえんの？」

「有明海産あさり貝汁のお振る舞いは、どこに並んだらええの？」

まだ八時を回ったばかりだというのに、人が集まり始めます。

やっぱ、食べ物の集客効果は大きいなぁ、と思っていたら……。

「くまモンのサインは、どこでもらえるんですか？」

「名刺ももらいたいんですけど」

「オレにもくれやぁ！　サインと名刺！」

えっ？　おっちゃんも？　通りすがりの女性が、それを耳にし、

「えぇー！　くまモンのサインもらえるんですか!!　どこどこ……」

慌てて整列を促し、準備を始めるスタッフ。

そもそも、ステージイベントの合間に、洒落のつもりでサイン会を開催しようと考えていたレベル。気づけばイベント開催時刻の一〇時には長蛇の列ができていました。

「こらあかん。ステージに差し支えるで。どっかで区切らな。サイン会は休憩時間だけや」

「ステージとステージの間の休憩時間は、くまモンに休憩してもらわんと……」

「そんなこと言うてる場合か。暴動が起こるで、ほんま」

そんなオーバーな……。でも、よく見れば、親子連れや女性陣に交じって、おっちゃんたちも多いこと多いこと。何するんやろ、くまモンのサインもろうて？

自らの偏見を深く反省しつつ、あらためてくまモン人気に驚く始末でした。

結局、用意した色紙四五〇枚全てがなくなったところを見ると、四五〇人の方々にくまモンのサインが行き渡ったわけで、これには担当者も驚くほかありません。

特製の色紙にサインするくまモン

（と言いつつ、しっかり初手から四五〇枚もの「くまモンのデザイン入り特別サイン色紙」を用意してるやないか！）

　驚いたのはサイン会だけではありません。サインをするくまモンを写真に撮ろうと、人だかりが途切れません（うつむき加減のくまモンの表情は可愛いさが増します。……個人的な意見ですが）。時間となり、くまモンがステージ出演に向かえば、後を追って、その人だかりがカメラをかざしたまま移動します。くまモンが小走りすれば、人だかりも小走り……。思わず目頭を押さえるチームくまモン。

　その横をスキップで通り過ぎながら、

曰く、**写真、撮り放題。**

（ヨン様ならぬ、モン様にでもなったつもりかい！）

　驚いたのは、取材に来ていた関西のテレビ局各社も同じです。

「この行列、一体なんだと思われますか？」とサイン会に並んだ行列をレポートし、くまモンを追っかけるカメラの一群をテレビカメラが追っかけます。

（事件は現場で起きてるんだよ。なあ、青島……？）

ステージでは、いしきりんちゃん、たいしくん……といったゆるキャラのお友達と、椅子取りゲームやだるまさんが転んだなどのゲームをしたり、みんなで「くまモン体操」を踊ったりと、ファンにとっては、充実した一日となりました。

また、なんばグランド花月に出演させていただいたご縁で、吉本興業からも「アホの坂田」でおなじみの坂田利夫師匠や太平サブローさんに加え若手芸人さんたちも駆けつけ、ステージに交互に上がり、くまモンをいじって会場を沸かせてくれました。

たくさんのお友達の力を借りましたが、「くまモンファン感謝デー」の名にふさわしく、主役は間違いなくくまモン。チームくまモンが、関西でのこれまでの取り組みが間違っていなかったと確信した日となったのです。

くまモンファン感謝デーに集まったみなさん

# 第二章 くまモンは日々進化する

## 問題は、3次元になったときだ。

くまモンは、もともと「くまもとサプライズ」運動のPRキャラクターとして登場しました。九州新幹線全線開業を前に、熊本県は「新幹線元年委員会」を組織します。委員長・石原靖也さんの提案により、熊本県天草市出身、放送作家にして脚本家、東北芸術工科大学デザイン工学部企画構想学科長も務める小山薫堂さんが、新幹線元年事業アドバイザーに就任しました。元年事業の一環として小山さんが提唱したのが「くまもとサプライズ運動」。そのキャラクターデザインを、小山さんが友人でもあるデザイナー水野学氏（グッドデザインカンパニー）に依頼。小山さんと水野さんが、いわばくまモンの生みの親です。

表情は「サプライズ」を反映して、最初からちょっとびっくり顔をしています。黒い熊のびっくり顔、ほっぺは真っ赤。熊本の民謡「おてもやん」のほっぺをそのまま写したかのようで、きわめてシンプルです。

「洗練を突き詰めると簡潔になる」。一九七七年に発売されたアップルⅡのパンフレットの表紙に、レオナルド・ダ・ヴィンチのものとされる格言として、スティーブ・ジョブズ氏がこう記載した、と言われています。シンプルなくまモンは、まさにゆるキャラ界の洗練されたｉＭａｃ。最初から、大化けしそうな予感が……必ずしもあったわけではありません。

シンプルなために、最初に三次元で登場したときの姿は水野さんのデザインのイメージからは程遠く、すぐにお払い箱になりました。私たちもこれは「若気の至り？」として、忘れ去っていたのですが、後日、地元の「熊本日日新聞」で特集が組まれたとき、写真付きで久々に現れ、肝を冷やしました。

「くまもとサプライズ」ロゴと2次元くまモン

本人曰く、**問題は、3次元になったときだ。**

これは、このときの深い反省があった上での発言でしょう。

最初はスリムだったけれど、熊本の豊かな地下水に育まれた美味しい農林水産物を食べてメタボになった（太った）、と本人は説明し、機転を利かせたつもりです。……が、二次元では最初からメタボだったよね？

チームくまモンのツッコミに、頬を赤くし、ひたすら小さくなっているくまモンです。

## 「くまのモンスター」の略ではない！

「くまモンは、なんの略？」とよく聞かれます。ひこにゃんが「彦根の、にゃんこ」を略した愛称であると言われているためかもしれません。

くまモンという名前は、「熊本者《くまもともの》」から来ています。「熊本者」は、「熊本人」と言ったほうが分かりよいでしょうか。熊本では、

「あの人は、どこんモンね？」（どこの出身ね？　あるいは、どこから来た人？）

「ああ、天草んモンたい」（天草出身だよ。あるいは、天草から来た人だよ）

といった言い方をします。

「者」を熊本では「モン」と発音しますから、「熊本者」は「くまもとンモン」になります。これを縮めてくまモン。

ちなみに、熊本で生産された物は「熊本の物」。これも「くまもとンモン」なので、略せばくまモン？

ということは、熊本で生まれた人はくまモン、熊本で生産された物もくまモン、全てくまモン。

……くまモンは、熊本の象徴だったんだ。今にして意外な発見です。

本人曰く、**「くまのモンスター」の　略ではない！**

そうそう、それは強調しておきたいよね。

## けっこう機敏に　動けます。

くまモンの人気の秘密は、表情が豊かな点にあります。全身を使って喜怒哀楽を表現します。顔を少し斜めに傾け両手を口に当て、うれしい！　右手を上に上げ、親指を立て、ついでに右足も出して、グゥッド！　左右に体を振りながらのスキップ。

どこかで見たような表情だと思いませんか？　そう、某テーマパークのねずみのキャラクターが先生なのです。ゆるキャラ界のエースひこにゃんも、同じように先生です。

先生とは言っても、学校があるわけではなく、見よう見真似で表現力を身につけました。技は盗むしかありません。

くまモンは、階段も平気で上がります。もちろん下りることもできます。ちょっとしたステージからなら飛び降りてしまうことも。寝転がったり、足を組んで大人ぶってみせたり、走ったり……公式のデータでは、五〇メートルを一一秒台で走っています。

本人曰く、**けっこう機敏に　動けます。**

ゆるキャラの中には、一人で移動できない子もいます。最初に三次元化したときのことまで想定していれば、このような事態は避けられるのでしょうが……。

例えば、阪神タイガースのトラッキーをはじめとするプロ野球のキャラクターたちは、いとも簡単にバック転をします。生まれながらにできるようになっているんですね。

くまモンは、さすがにバック転はできませんし、とびっきりのイケメンでもありませんが、他のゆるキャラと同じステージに立つと、がぜん輝き出します（親のひいき目？）。いつもじっとしておらず、何かしでかしそうな、そわそわした感じ。主催者の偉い方々を前にしても、やんちゃな男の子ぶりは変わりません。それが観客にも伝わり、いつの間にか観客の目は、くまモンに惹きつけられます。そして実際、何かしでかしてしまうので、観客は大喜びです。

また、ファンの声に敏感に反応もします。

例えば、大阪人にはおなじみ、手ピストルで「バン！」と言えば、くまモンは胸を押さえ、倒れ込みます。

ファンと一緒に写真に写っているとき、

「くまモン、真ん中で写真に写ると、早死にするとバイ！」

と声をかければ、びっくりしたようにヘナヘナとしゃがみ込み、落ち込んだ仕草をします。

こうした反応がとても可愛いらしいのです。

近くだけでなく、遠くにも目を凝らし、手を振ったりもします。

ゆるキャラの命は、顔やスタイルだけではなく、動きや反応、さらには気配りだと、くまモンは教えてくれます。

## 性格が、ゆるキャラ。

くまモンのやんちゃぶりは、上司である知事の前でも変わりません。しかも大切なお客さまと知事が対談している場面でもそうなので、チームくまモンは、ハラハラのしどおしです。

平成二十三年八月二十二日、岡山県から石井知事が、ももっちとうらっちを連れて、蒲島知事を表敬されました。前年十一月、九州新幹線全線開業を控え、沿線の知事に熊本のPRをするために、蒲島知事がくまモンを連れて、岡山県に石井知事を表敬したことへの返礼です。

ももっちは、平成十七年に開催された「晴れの国おかやま国体・輝いて！　おかやま大会」のマスコットとして、岡山を代表するヒーロー「桃太郎」をアレンジして誕生したゆるキャラ。うらっちは、平成二十二年生まれの、オニをモチーフにアレンジした愛らしい女の子のゆるキャラです。

マスコミのカメラを前に両知事が懇談している後ろで、ももっちとうらっちは大人しく並んで立っていたのですが、くまモンは、さっそく笑顔の可愛らしい女の子キャラうらっちに目をつけ、言い寄っていったのです。

そのとき、うらっちの、イヤイヤする仕草は、いかにも、笑顔の下で困惑しているかのように見えました。マスコミのみなさんも、両知事を前に苦笑する始末。

くまモンには本当に困ったものですが、

花園ラグビー競技場に勢ぞろいしたゆるキャラ

本人曰く、**性格が、ゆるキャラ。**

「性格だけじゃなくて、存在そのものがゆるキャラでしょうが！」

とのツッコミも意に介しません。

もっとも、くまモンのそういうやんちゃぶりを一番楽しんでいるのは、当の蒲島知事なのです。挙げ句「今日の動きはよかった」といった評価付きです。最近では、「私が忙しいときは、代わりにくまモンに行ってもらおう」とまで言われるのですから……。

くまモンは、本当によき理解者を得ていると思います。

## まだ、アニメには、なっていません。

くまモンが、関西進出で最初に出会ったゆるキャラは、ひこにゃんです。これはとてもラッキーなことでした。

というのも、ゆるキャラ界での人気を不動のものとするための術《すべ》を、ひこにゃんが教えてくれたからです。

ゆるキャラとしての心構え、ゆるキャラとしての振る舞い、ゆるキャラ界のおきて？……。

これにより、その後のくまモンの運命は大きく変わったと言っても過言ではありません。

その出会いは、平成二十二年八月二十七日。九月からの神出鬼没大作戦を控え、準備体操のつもりで出かけた「関空夏祭り」に、ひこにゃんはゲストとして招待されていました。

既にひこにゃんは、スーパースターの地位を築いています。かねがね、ぜひお近づきになりたいと考えていたチームくまモン。幸い、今回はくまモンも一緒です。同じゆるキャラのスタッフという気安さから、ステージでの出番を前に、こちらから声をかけ、ご挨拶をしました。

笑顔で挨拶を返してくれるひこにゃんと女性スタッフ。

そこで、チームくまモンの一人が、

「今日も暑いですねえ、ひこにゃんも大変ですよねぇ。汗だくでしょ？」

と話しかけたら、

「ひこにゃんは、汗をかかないんですよぉ」

心なしか、スタッフの笑顔にかげりが見えます。

「でも、この暑さでしょ、中の……」

と、最後まで話し終えるのを待たずに、

「ひこにゃんは、ひこにゃんなんですよぉ。お分かりいただけますよねぇ」

と、口調は相変わらず優しいものの、明らかに目が怒っている……。

「はあ」

と、間抜けな返事をしつつ、ここはいったん引き下がるしかありません。

（オレ、何か、怒らせるようなことを言ったのか？　できれば、スタッフの彼女ともお近づきになりたかったのに……）

落ち込むチームくまモンに目もくれず、くまモンは、ひこにゃんとステージに上がります。会場が歓声に包まれます。ひこにゃんは、両手を広げ、ステージを動き回りながら、会場の右から左、手前から奥と、満遍なく手を振って歓声に応えます。くまモンも……これに倣《なら》い……手を……振り……、なんだかぎこちなくないかい？　くまモン。

チームくまモンは、ステージ上のひこにゃんを見ながら、あらためてその素晴らしさに気づきました。そして、珍しく真顔になり、盗めるものは盗んで帰らねばと、その一挙一動に目を光らせ始めました。

ステージ終了後、ひこにゃんとスタッフが近づいてきました。笑顔です。

「お疲れさまでした！　お分かりいただけましたか？　ひこにゃんは、ひこにゃんなんですよぉ。多くのお客さまに夢を与えるお仕事をしていますから、ステージの上だけでなく、ステージを降りても、いろいろと気を使っているんです。千葉にあるテーマパークのねずみさんも同じでしょう?」

「あのテーマパークのねずみと一緒!……すごい!……しかし、どうしてそれを私たちに教えてくれるんですか?」

「さっき、ステージの袖から真剣な顔をしてひこにゃんを見ていたので、分かってくださったかなぁ、と思って。それに、ひこにゃんだけでなく、ゆるキャラみんなで、より多くのお客さまに夢を与えることができれば、素敵じゃないですか」

(素敵なのは、あなたですよ! なあくまモン!)と、口に出せないまま、くまモンに同意を求めるチームくまモン。

ひこにゃんと

振り返れば、既にひこにゃんと彼女の姿はなく、さわやかな夏の海風が吹き抜けているのでした。

その後も各地のイベントなどで、ひこにゃんにはよくお会いします。ひこにゃんの控室は独立し、同じゆるキャラ同士でも、決して気を抜いた姿を見せることはありません。この徹底した方針が、ひこにゃんの人気にもつながっていると、チームくまモンは考えています。

「絵本やアニメにもなっている人気者だものなあ」

曰く、**まだ、アニメには、なっていません。**

「……え？ そうだっけ？……あ、くまモン、君がね」

## いちおう、公務員です。

平成二十三年三月十一日。九州新幹線全線開業の前日。東日本大震災が発生しました。

私たちチームくまモンは、熊本県宣伝部長のスザンヌさんが生出演を予定していたことから、大阪よみうりテレビの「情報ライブ ミヤネ屋」を見ていました。そのため、熊本では揺れは感じませんでしたが、リアルタイムで震災の発生を知ることになり、テレビに釘付けになりました。

祝賀会や歓迎イベントの中止、関西地域での新聞出稿の延期等々。私たちも対応に追われることになりましたが、被災地に思いを寄せれば、それは比較にもならないほど微々たることでした。

くまモンもしばらく活動を自粛することとなり、チームくまモンは悶々とした日々を過ごしていました。

こんなときにこそ、ゆるキャラだからこそできる癒しが必要ではないか？といったことも考えました。癒しを考える前に、十分な祈りの時間を持つことが必要だ、との意見もありました。ツイッターでも、音沙汰なしのくまモンを心配する声がありました。

いつもやんちゃなくまモンですが、当時は、

「今ボクは何ができるのか真剣に考えています。時間はかかるかもしれませんが、ボクなりの答えを見つけたいです。そんな中、ボクの生みの親とも言える小山薫堂さん達が、kizuna311.comというサイトを立ち上げられました。これがヒントになるかもしれないと思っています」

（三月十六日十七時五十三分）

とツイートするのが精いっぱいでした。

本人曰く、**いちおう、公務員です。**

公務員でなくても、多くの日本人が、世界中の人々が、祈るしかない日々だったのです。

（悶々としていたチームくまモンですが、熊本県では、防災ヘリの派遣をはじめ、宮城県東松島町に拠点を設け、職員の派遣や物資の提供など、被災地支援を行いました。チームくまモンからも職員が派遣されました）

くまモンのツイートに、多くの方から声が寄せられました。

「くまモンの考えが早くまとまり、東北・九州が再び新幹線でつながるように素敵なサプライ

ズをしてくれることを期待しています」

「まさにくまモンは、大阪と熊本の絆づくりに走り回っていたんだよね。この絆、大切にしたい！　ファイト！　くまモン」

「せっかく生まれた　くまモンという存在。また日本に笑顔の花がたくさん開くとき、くまモンの存在は絶対に大きな力になると思う。大人にも子どもにも愛されているのだということを忘れないでね」

「くまモンが元気じゃなきゃ、熊本に元気が出ないよ！　九州から日本を支えていかなきゃいけないいんだからね！」

「自分はくまモンの動画を見て元気わけてもらってますよ」

「くまモンはきっとみんなの癒しになるはず！　不安を抱えている人たちの癒しになってあげてください！　がんばれくまモン！」

「くまモンや各地のゆるキャラが集って募金箱持って、義援金集めたら、絶対たくさん集まると思う」

「今、何かできること。私もやるよ。くまモン一緒にやっていこう！」

ツイートだけで一冊の本になるくらい温かなメッセージの数々。本当に多くのみなさんに支えられているのを実感しました。みなさま、ありがとうございました。

ツイートにもあったように、しばらくするうちに、「いつまでも自粛せず、震災の影響がなかった九州から元気を！」という声が出始めました。被災地支援のための「くまモン募金」の創設を！という声も上がりました。

やっとくまモンにもお手伝いの場ができました。街頭に立ち、被災地の子どもたちの教育支援のために募金活動を開始したのです。

三月二十五日のツイート。

「ボクは、みなさんの募金活動のお手伝いから始めます。早速、今日13時〜14時に船場センタービル、15時〜16時に新世界です」

大阪や熊本を中心に、くまモンは街頭に立ち募金を呼びかけました。

これに応えて、個人はもちろん、さまざまな企業、団体など多くの方々が、募金に協力をしてくださいました。県内外の多くの方々の志により、「くまモン募金」は、総額で一六〇〇万円を超えました。

翌平成二十四年一月二十九日から三十一日まで、くまモンは、岩手、宮城、福島の各県庁を訪問し、みなさんからお預かりした「志」をお届けしました。各県からは「子どもたちのために大切に使わせていただきます」と大変喜んでいただきました。

## 「くまモン体操」だって、あるんですから。

平成二十三年六月四日と五日には、益城町《ましきまち》のグランメッセ熊本で「東日本大震災復興支援チャリティーバザール」が開催されました。

これは、四月半ばに知事の一声で決定しました。開催は六月上旬！ 絶対的に時間が足りません。通常この規模の催事は、少なくとも半年前から準備を進めるものです。

しかし、決めた以上、失敗は許されません。開催に向けて、チームくまモンをはじめとする県庁の特殊部隊が招集されました。

*久しぶりです。もう、お分かりですね。特殊部隊なんてありませんから。

出店者を募るのと併せ、集客のための策を練りました。ステージでの催事も考えます。熊本県宣伝部長のスザンヌさんも東京から駆けつけてくれることになりました。くまモンも出番を考えます。

曰く、「くまモン体操」だって、あるんですから。

くまモンが考えたのは、幼稚園や保育園児による「くまモン体操選手権」です。

子どもの元気は、周りの大人も元気にします。くまモンは活動当初から県内各地の幼稚園や保育園を回っていて、多くの子どもがくまモン体操を踊れるようになっています。いくつかの園では、オリジナルのコスチュームを作ったり、振り付けをしたりしているところもあります。そこで各園対抗で踊ってもらうことを思いついたのです。

子どもが出場すれば、父母や祖父母も足を運んでくださるので、ますます会場が賑わいます。

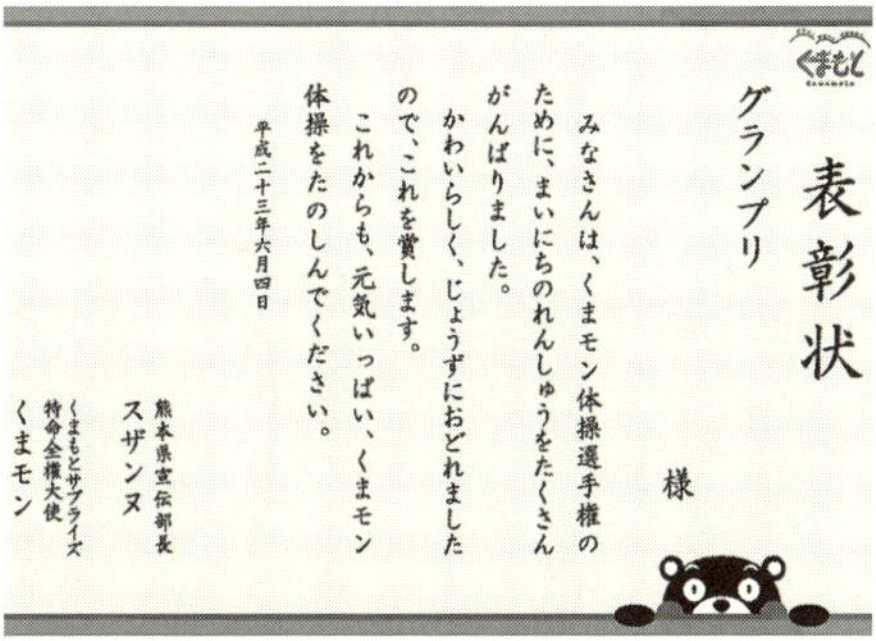

表彰状

グランプリ　様

みなさんは、くまモン体操選手権のために、まいにちのれんしゅうをたくさんがんばりました。

かわいらしく、じょうずにおどれましたので、これを賞します。

これからも、元気いっぱい、くまモン体操をたのしんでください。

平成二十三年六月四日

熊本県宣伝部長
スザンヌ

くまもとサプライズ特命全権大使
くまモン

くまモン体操選手権グランプリの表彰状

短い募集期間でしたが、すぐに四つの園から応募をいただきました。

せっかく私たちの趣旨に賛同し、出場していただくのですから、ここは「くまもとサプライズ」を推進するチームくまモン、ただ踊ってもらうだけでなく、こちらからも最大限のサプライズでおもてなししなければ。

まず、審査員はくまモン、そしてスザンヌさんにもお願いすることにしました。各園が踊るステージと同じ壇上に審査員席を設け、踊った後には、コメントをしてもらいます。一緒に写真撮影をする時間も作りました。賞状も用意しました。くまモンとスザンヌさんのサイン入りです。そして優勝チームは、最後にもう一度、今度はくまモンやスザンヌさんと一緒にくまモン体操を踊るというサプライズもつけました。司会は、熊本で活躍するタレントの大田黒《おおたぐろ》浩一さんが、ボランティアで引き受けてくださいました（大田黒さんだけでなく、みなさんボランティアでご出演くださいました。ご協力ありがとうございました）。

参加された各園のみなさんは、それぞれこの日を心待ちにし、趣向を凝らした姿で登場しました。私たちが用意したサプライズも、心から喜んでくださったようです。

このまま終わらせるのはもったいない。「くまモン体操選手権」は、別の機会にまたぜひ実施したい。できれば、全国各地区で予選会を開き、各県代表による全国大会……。とまでは至っていませんが、「くまモン体操選手権」はその後、「くまモン体操大集合」と名前を変えて復活しました。

平成二十三年十月二日、熊本城二の丸公園で開催されたこのイベントには、県内はもちろん県外、遠くは山梨県からも参加があり、総勢三九〇〇人を超えるくまモンファンにより、くまモン体操が行われました。

「くまモン体操大集合」では、「なりきりくまモンコンテスト」も開催されました。ハロウィンバージョンのくまモンに扮した福岡県の女性二人組、お裁縫でさまざまな県産品を作って手づくりバッグに入れてお子さんと一緒に参加されたお母さん。工場の操業を停止してまでくまモンのパジャマ着ぐるみを製作して参加された方々……。

みなさんの様子を見ていると、さまざまな準備に費やした時間も楽しんでいただけたのではないかと想像されました。ステージのくまモンを見、くまモン体操を一緒になって踊るだけでなく、参加を決めたときから、既にくまモンとの一体感が生まれていたのだと思います。

## よろしくま！

チームくまモンやくまモンフォロワーの中からは、多くの「くまモン語」が生まれ、今も増殖中です。くまモンファンが共通の「くまモン語」で会話する楽しい世界を、一部ご紹介しましょう。

本人からも、**よろしくま！**

「おはくまー☆」＝おはよう
「くましくは」＝詳しくは
「くまった」＝困った
「サンくまー☆」＝サンキュー
「くまリティ」＝「クオリティー」

「要チェックくま!!」＝要チェック
「チェックくまインなう☆」＝チェックインなう
「……だモン」
「んーー、まんぷくまー☆」
「ん、呼んだかモン!?」

こうしたダジャレが長くなると……
「おはよーさんだいめーじょー熊本城☆」
「グッドモンニングくま〜☆今日も一日よろしくま☆」
「おはヨーグルトは阿蘇ジャージー☆」
「もう寝るモン^ ^ おやすミネラルウォーターが蛇口から☆」
「ハッピーバースデーむ〜ぎゅ〜からのーカプッ☆」

第三章

# 費用対効果は予算の八倍

## 「熊本に行ってみたい」と思っていただくために

本書冒頭では、「これは、平成二十二年三月に誕生したばかりの、一地方のゆるキャラくまモンを全国制覇に導くために、小山薫堂の著書をバイブルに、日夜努力し続けた、熊本県庁の精鋭部隊チームくまモンの物語である……」と勢いよく宣言しました。

が、もうそろそろ白状しましょう。私たちチームくまモンの目的は、「ゆるキャラグランプリ」でくまモンを一位にすることではありませんでした。真の目的は「くまもと」を一位にすること。

「四七都道府県の中で、一番、行ってみたいな、面白そうだな、食べてみたいな、使ってみたいな、進出したいな、と思っていただける県になりたい」

そして「この地に生まれて、育って、学んで、働いて、育てて、生活して、幸せだなあ、と思っていただける県民の方が一番多い県になりたい」と考えているのです。

平成二十三年春、九州新幹線が全線開業し、新大阪から熊本まで乗り換えなしで結ばれる。これは、熊本県民にとっては、「一〇〇年に一度のビッグチャンス」でした。

そこでまず、沿線のみなさんをターゲットに、新幹線でつながったのを機に、「行ってみたいな、面白そうだな、食べてみたいな、使ってみたいな、進出したいな」と思っていただけるようになりたい、と考えたのです。

これが、「KANSAI地域におけるくまもとの認知度向上を目指す」という、チームくまモンのミッション「KANSAI戦略」です。

このミッション遂行のために、私たちは「くまもとサプライズキャラクター・くまモン」の力を借りようと考えました。

しかし、そうは決めたものの、実際にどう展開していけばよいのか？　全てを企画会社のコンペに委ねてよいのか？　柱となるべき「何か」、つまり、これだけは外せないものはなんなのか？

その「何か」が分かっていなければ、企画会社への丸投げになってしまいます。それは避けたかった。

八〇〇〇万円、これがチームくまモンに与えられた予算（平成二十二年度）でした。予算＝税金、県民のみなさんから預かったお金です。わずかなりともムダには使えません。

八〇〇〇万円というのは、庶民感覚では莫大な金額です。が、関西の新聞に広告を出したり、テレビCMを流したりするには全然足りない額です（参考までに、某全国紙の大阪本社版で、毎月一回の全面広告を一年間行うのに必要な金額がおよそ八〇〇〇万円です）。

もちろん新聞広告にはそれなりの効果があります。でも、広告は出せばそれで終わりです。そうではなく、この額が二倍にも三倍にも膨らむような使い方はないだろうか？

## 日常の中に素敵なものを見つける

私たちチームくまモンは、小山薫堂さんの著書を読み込みました。

『もったいない主義――不景気だからアイデアが湧いてくる！』『考えないヒント――アイデアはこうして生まれる』（共に幻冬舎新書）、『人を喜ばせるということ――だからサプライズがやめられない』『社会を動かす企画術』（共に中公新書ラクレ）……、過去に熊本で開催された講演会の記録も引っ張り出してきました。

『社会を動かす企画術』の中には、直接「熊本サプライズ」について書かれた部分があります。

熊本での講演では、「誰かをビックリさせるような、幸せな気持ちになるようなことを、熊本県民みんなで考えましょう」といった内容で、お話ししました。

あるいは、「熊本県の中で、サプライズのネタになるようなものを、みんなの日常の中に見つけましょう」という提案をしました。

それによって、熊本に観光で来た人が、「あっ、いいね！」と言ってくれたら、それは人のためにというよりも、結局は、「自分たちが幸せになること」につながるのだと思います。

日常の中に素敵なものを見つける、ということは、「見過ごしていたものに気づく」ということでもあります。

それが結果として、自分たちの暮らしを豊かにする。

存在そのものに大きな魅力があり、それに気づくことで、自然とみんなが集まってくる。

それが本当の「熊本サプライズ」なのです。

これは、蒲島県政が目指す「県民の総幸福量の最大化」にもつながります。

くまモンは、「くまもとサプライズ」から生まれたキャラクターですから、当然この思いを抱いて活動をしなければなりません。

それは、活動の場が県内であっても関西であっても同じです。

私たちのステージは関西です。「熊本に観光で来た人が、『あっ、いいね!』と言って」くださるようなサプライズは、熊本県内で活動する別働部隊の任務。だとしたら、その前に、熊本に関心を持っていただき、熊本に行く気になってもらうことが、私たちの任務です。

では、そのための、くまモンの関西での役割とは?

## 伝えるためだけにお金を使うのはもったいない

『考えないヒント』の中では、「広告とか話題づくりって、お金を使わずに効果を上げるやり方がもっといくらでもあるんじゃないかというのが、僕がいつも感じていることです」と書かれています。

『もったいない主義』には、お金を使うにしても「伝えるためだけにお金を使うのはもったいない」として、以下のように書かれています。

僕にはどうしても、伝えるためだけにお金を使うのはもったいないと思ってしまうところがあります。お金をかけなくても、みんながあっと驚くような面白いことをやったら、それだけで人は自然に集まるものです。

PRというと、どうしても「どう伝えるか」ということにお金を使いがちですが、僕の場合は、お金を落として、そこに生まれた面白いものをみんなが見に来るようにする仕掛けをつくる、という発想をします。

いまある予算でどれだけ広告を打てるかというのは単なる足し算引き算の世界。真ん中に落としたら、掛け算みたいに相乗効果でいろいろなものが絡まって広がっていく、というイメージです。

私たちもこんなことに挑戦したい、と思いました。

## 「脂身」たっぷりのくまモンを「ビタミン」に育てる

さらに、『もったいない主義』で小山さんは、「他の人のビタミンになる人材を育てたい」と書いています。「『あいつがいると、なんか楽しいよね』とまわりから言われるような人材」とも。

……他の人のビタミン……

……くまモンがいると、なんか楽しいよね……

誰かが、ふと、そうつぶやきました。

このとき私たちは、くまモンの中にビタミンの芽を見つけました。そしてチームくまモンは、くまモンを「他の人のビタミンになる」よう育てようと決意したのです。

私たちがさらに驚いたのは、『人を喜ばせるということ』の冒頭にある次の一文でした。

あえて例えるなら、サプライズとはつまり、暮らしのなかにある〝脂身〟みたいな部分なのかもしれません。脂身（サプライズ）があるからこそ、日々の暮らしがパサパサにならない。日常のなかに脂身があるからゆえに、毎日が非常に味わい深くなっているのではないかとおもいます。

「！」（↑ご存じ、くまもとサプライズのびっくりマークです）

まるでくまモンのことを語っているみたいではないですか！

思わず発行年月日を確認してしまいました。この本は、平成二十一年四月十日に発行されています。まさか小山薫堂さんは、平成二十二年三月にデビューするくまモンを見越して、この本の中に、サプライズのタネを仕込んでいたのでしょうか？　なぜなら、

**子どもだけど、メタボ。**

と、くまモン自身が語るように、メタボ体質のくまモンには、「脂身」がたっぷり！　くまモンはまるごと「サプライズ」でできているということにほかなりません。

私たちの視界が少しずつはっきりしてきました。柱となるべき「何か」が見えてきたのです。

　どれだけ事前に価値を刷り込むかによって、ものの価値は変わってきます。自分たちが世の中に送り出すものに対して、どれだけ価値を刷り込んで、どれだけ感情移入してもら

うか。その方法を考えることが「企画」なのです。

（『もったいない主義』）

私たちには、これが、「どれだけ事前に価値を刷り込むかによって、くまモンの価値は変わってきます。自分たちが世の中に送り出すくまモンに対して、どれだけ価値を刷り込んで、どれだけ感情移入してもらうか。その方法を考えることが『企画』なのです」と読めました。

メタボ体型のくまモンの脂身はサプライズでできている。そんなくまモンを、他の人のビタミンになるよう育てよう。これがくまモンの「価値」です。

## 明確な目標と強い結束力が生まれた瞬間

サプライズをすることで「いいな」と思えるのは、まず、ターゲットが決まった時点で、方向性を持って情報を集められること。その人の情報と、その人の周辺の情報。こうして絞っていけば、集めることはより早く、正確にできます。

サプライズをする時、情報を集めたあとにするのは、「その人に何をしてあげたら喜ぶか」を考えること。「思いやり」を持ってその人のことを考えることが、欠かせません。

最後に、これがなにより大切だと思うのですが、「サプライズをするぞ」といった瞬間

にみんなが一丸になれること。すごく明確な目標が生まれ、結束力が強まるわけです。そ
れはとても素敵だといつも思います。(『社会を動かす企画術』)

私たちのターゲットは、大阪を中心とした関西人。この点は明瞭です。ですから、私たちがなすべきは「関西人の情報と、関西人の周辺の情報」を集めること。そのとき、「思いやりを持って、関西の人に何をしてあげたら喜ぶかを考える」。

つまり、くまモンは、「関西人のビタミンになる」存在で、メタボ体型のくまモンの脂身はサプライズでできている「サプライズ体質」。

私たちはこう考え、「感情移入」した上で、くまモンを送り出そうと決めました。方向性は次の三つです。

1　関西の人みんながあっと驚くような面白いことをやったら、それだけで関西の人は自然に集まる。

2　お金を落として、そこに生まれた面白いものを関西の人みんなが見に来るようにする仕掛けを作る。

3　掛け算みたいに相乗効果でいろいろなものが絡まって広がっていく。

チームくまモンに「すごく明確な目標が生まれ、結束力が強ま」った瞬間です。

関西の情報収集なら、ルートに事欠きません。県の大阪事務所もありますし、チームくまモンには、元大阪事務所勤務や大学時代に大阪にいた職員もいます。

さまざまな議論を経て、「大阪にふさわしい、笑いの文化をベースに、くまモンを売り出そう！　そして、ブログやツイッターで、できるだけ多くの人に共有してもらおう」ということになりました。

お笑い、ボケとツッコミ、吉本新喜劇、甲子園球場、阪神タイガース、新世界、串かつ、道頓堀、カーネルサンダース、大阪プロレス、宝塚、ルミナリエ……。

この中から、最初のターゲットとして焦点を定めたのが、第一章でお話しした、阪神タイガースの甲子園球場、串かつで有名な新世界、お笑いの殿堂吉本新喜劇だったのです。

## 「一粒で二度美味しい」企画

企画コンペに際しては、あえて大阪の企画会社への参加を呼びかけました。関西人のツボを押さえた企画は、関西の風土をよく知った地元の会社に限ると考えたからです。もちろん、熊本側の事情にも通じている必要があるので、大阪と熊本両方の会社に共同で企画提案してもらうというスタイルにしました。

コンペのポイントは、「大阪では（この時点では、熊本でもほとんど知られていませんでしたが）まったく知られていないくまモンを、どれだけ話題化し、大阪のマスコミに取り上げてもらえるような仕掛けづくりをしてもらえるか」でした。

「一粒で二度美味しい」企画。チームくまモンのメンバーがよく使っている言葉です。小山薫堂さんも『もったいない主義』の中で「メディアの枠を買うだけの宣伝というのは、本当にもったいないと思うのです」と書いています。

続けて、「僕がこれまでに関わったプロジェクトの共通点は、宣伝費にお金をかけないで最大の宣伝効果を上げるというところかもしれません。いってみれば、きっかけをつくるためにお金を使う。ものごとには、そこへ力を入れれば何倍もの効果を上げられるポイントがあると思います。それに気づかずに、力を薄く広く分散させてしまうのはもったいないことです」とも。

うまくポイントを押さえることができたかは自信がありませんが、それでも、「メディアの枠を買うだけの宣伝」ではお金が「もったいない」ので、企画コンペの仕掛けにおいては、どうすればマスコミのみなさんに「ニュース」として取り上げてもらえるかの工夫を重要視しました。

また、コンペ以外の展開についても、常に「パブリシティー」が取れるかどうかを意識しました。キーワードは「初めて」「唯一」「知事自ら（トップセールス）」です。

＊「パブリシティー」とは、三省堂大辞林によれば、「企業・団体・官庁などが、その製品・事業などに関する情報を積極的にマスーコミに提供し、マスーメディアを通して報道として伝達されるよう働きかける広報活動」です。勉強になりますねぇ。

## 広告費用に換算したら六億四〇〇〇万円！

ここで、活動の初年度に当たる平成二十二年度における、関西地域でのパブリシティーの実績をいくつか紹介させていただきます。

くまモンの事実上の関西デビューは、平成二十二年八月二十七日の「関空夏祭り」です。これに先立ち、産経新聞大阪本社を表敬訪問し、八月二十八日付で同紙に四段の扱いで写真入りで紹介され、新聞紙上での関西デビューを果たしました［初めて］。同日サンケイスポーツでは、さらに大きくひこにゃんとのツーショット写真入りで報道されました。MSN産経ニュースでは、「熊本のくまモン〝関西デビュー〟関空夏祭り　PR来社」とストレートな表現での扱いとなりました。

「神出鬼没」スタート後の九月六日、メイドビヤホール出没時のネタでは、夕刊フジに、「お

ローソン安土町二丁目店にアンテナショップオープン。マーガリンさん、蒲島知事、新浪社長、キャサリンさんと

給仕もします!?」と写真入りで登場。「熊本県発ゆるキャラくまモン」と紹介されました。

十月六日に大阪府豊中市で開催した郷土料理教室については、産経新聞が「熊本知事も舌賛 大阪事務所が郷土料理教室」として知事とくまモンの写真入りで紹介［知事自ら］。

平成二十二年十月二十七日、近畿エリアに都道府県として初めてローソン内にアンテナショップ「熊本よかもんSHOP」を出店し、ローソンの新浪《にいなみ》社長と蒲島知事、さらにはくまモンも同席し、開店の記者会見。熊本県内と関西の全テレビ局からの取材を受け、報道されました［知事自ら 初めて 唯一］。

先にお話しした「吉本新喜劇」も全国放送は「初めて」となり、大々的に報道されました。「吉本新喜劇」は大きな分岐点となりました。

これがきっかけとなって、九州新幹線全線開業を前に、熊本県が関西で面白い広報展開を行っているという話が広がります。「くまモン神出鬼没大作戦」や「くまモンを探せ大作戦！」

など、くまモンの話題化を先行させて「くまもと」を知ってもらおうという、プロモーションの手法についての取材も入り始めました。

まず新聞です。毎日新聞平成二十三年一月二十二日付夕刊では、一面トップ「ぐるり熊本PR」と題して、これまでの取り組みを特集、くまモンの顔もアクセントで三つも登場しました。朝日新聞では二月五日付朝刊で、「九州　あなたはどっち」「熊本　吉本と連携、くまモン全開」と鹿児島との比較記事が掲載されました。日本経済新聞でも二月十二日付朝刊で「『九州に来て』PR合戦」「熊本ゆるキャラ出張」と、やはり鹿児島との比較記事です。

テレビでは、一月二十六日に、NHK大阪とNHK総合Biz スポで、二十七日は、テレビ大阪で、三十一日には読売テレビで、それぞれ「熊本県の関西でのPR活動」が取り上げられました。三分から長いもので一〇分間も時間を割いての放送です。当日の朝刊テレビ欄には、「大阪から3時間弱……九州新幹線開業を前に〝熊本〟が大人気のワケ」（読売テレビ）、「九州新幹線熊本PR？　ゆるキャラが大阪出張」（テレビ大阪）と掲載もされました。

NHKが全国放送で取り上げてくださったのも、本当にありがたいことでした。関西発の熊本情報が全国に流れることはなかなかないからです。思い返せば、平成二十二年九月、「平城遷都1300年祭」で交換した名刺が始まりでした。

NHKに限らず、お会いした記者のみなさんへ、その後も細かに情報を提供し続けてきたこ

新聞上から、
毎日新聞（2011年1月22日大阪本社版、夕刊1面）、
日本経済新聞（2011年2月12日大阪本社版）、
朝日新聞（2011年2月5日大阪本社版）、
毎日新聞（2011年1月31日大阪本社版）

とが、こうした成果につながったのは間違いありません。まさに「報道に王道なし」です（すみません、今作った格言です）。

こうした報道を広告を出す費用に置き換えて計算すると、活動を開始した平成二十二年八月末から平成二十三年三月までの約七カ月の分だけでも、少なく見積もっても、六億四〇〇〇万円になりました。予算は八〇〇〇万円でしたので、費用対効果は、八倍に膨らんだ計算です。

さらにうれしいのは、関西での取り組みが、広告業界の専門誌「広告会議」（二〇一一年二月号）にも取り上げられたことです。ほぼ一ページを割いての特集でした。

これらはもちろん、九州新幹線全線開業関連で、ＪＲタイアップキャンペーン、開業一五〇日前カウントダウンボード除幕式、開業一〇〇日前四県合同プロモーションなど、他のセクションでも熱心に広報展開を行ってきたこととの相乗効果です。

ＪＲ西日本が用意したカウントダウンボードの記載は、もともとは、「新大阪〜鹿児島中央」だったと聞いています。しかし、新大阪駅などに実際に設置されたボードには、「新大阪—熊本・鹿児島中央」と、経由駅に過ぎない「熊本」もしっかり明記していただいていました。

これは推測に過ぎませんが、もし、私たちの積極的な広報展開がなかったら、終着駅がある「鹿児島」だけがクローズアップされ、「熊本」は埋没していたかもしれません。ＪＲ西日本のカウントダウンボードもまた、「新大阪〜鹿児島中央間全線開業」のままとなっていたでしょ

開業前日、東日本大震災発生直前

う。

九州新幹線全線開業という一〇〇年に一度のチャンスに、熊本を通過駅にしてしまってはいけない。「期待感」とともに「危機感」を持って臨んだKANSAI戦略の、立派な成果のひとつと考えています。

# 第四章 ゆるキャラから売るキャラへ

## 2年目が、勝負ですので。

平成二十三年四月、新年度が始まりました。

新年度初の大仕事が、六月四日と五日に開催した「東日本大震災復興支援チャリティーバザール」だったことは、先にお話ししたとおりです。

震災で被害に遭われたみなさんの心に寄り添い、落ち込んでいる気持ちをチャリティーバザールに向けて集中させる。多くの県民のみなさんと共に、被災地に行かなくてもできる支援に知恵を絞り、汗をかくことで、チームくまモンも少しずつ元気を取り戻していきました。

東日本大震災復興チャリティーバザールが一段落した六月中旬、九州新幹線全線開業後初年度の関西展開を進めるときが来ました。

**地元PRより、自己PR**。と、「まずは、くまモンの認知度を上げ、人気が出たくまモンを使って熊本を売り込むつもりです」と言ってはいたものの、実は、その後の展望を具体的に描いていたわけではありません。このままでは、その場逃れの言い訳に過ぎなかったと言われかねません。なんとか目に見える成果を上げなければ、チームくまモンの存亡にも関わってきます。くまモンも、

**2年目が、勝負ですので。**

とはいえ、何から手をつけたらよいものやら……。

外は梅雨空、蒸し暑さこの上ない県庁内の一室。風ひとつそよぎません。机の片隅に無造作に置いてあったくまモンうちわ（第一章に登場。平成二十二年九月、阪神甲子園球場で配り、今ではくまモンファン垂涎《すいぜん》のレアアイテムとなっているもの……）を手に取り、あわただしく扇ぎつつ、とりあえずビール！……ではなく、とりあえず会議です。

まず、前年度にヒットした「くまモン名刺」をリニューアルすることは、ほとんど異論なく決まりました。一部には、

「**熊本県の、バラマキ政策。（名刺だけど）**って、批判されませんかね」

との意見も出ましたが、即、却下です。

チームくまモンの誰しもが、チャリティーバザールで開催したオークションを思い出し、「新しいくまモン名刺のコンプリートを真っ先にネットオークションに出して、一攫千金を狙ってやる！」と密かに企んで、「いいんじゃない！」を連発していました。

「みんな、よからぬことを考えてるんじゃないよね」と、ニヤニヤしているメンバーの心を見透かしたように、リーダーが一喝します。

「抜け駆けは許さんから！」

……おいおい、そうじゃないだろうリーダー……。

**ゆるキャラから売るキャラへ。**

コピーライターの苦悩の日々が始まりました。

「今年は、昨年度の三二種類を超える三六種類の名刺を作ります！」と、企画会社が勢いで言った提案を、私たちが受諾したからです。

平成二十二年度の三二種類は、確か印刷の紙面割りの都合で決定したはずでしたが、では平成二十三年度はどう紙面割りをすれば、三六種類が可能になったのか……未だに謎です。

珠玉の作品の全てを紹介するのはウェブに譲るとして、くまモンが真っ先に目を留めたのは、

**ゆるキャラから売るキャラへ。**

「うまいこと考えるねえ～」と、誰ともなく言葉に出していると、

「感心している場合じゃないでしょ、それが至上命令なんだからね」とリーダー。

会議は続きます。

*くまモン名刺コレクターの方は既にお気づきかもしれませんが、この章では、平成二十三年度から展開している新しい名刺のコピーをいくつか使用しています。が、三六種類ものコピーを全て使うには、筆者の能力

が及びませんでした。ご容赦のほど……。


「とりあえず……」

「ビールはダメ！」

「勤務時間中ですよ！　当たり前でしょう！……そうじゃなくて、とりあえず、今年のくまモンは営業部長ということでいかがでしょうか？」

「営業部長!?　営業部長って、私より役職が上じゃない！」

「いや、ツッコミどころは、そこじゃないでしょう。『売るキャラ』なら営業部長。至極当然じゃないですか。スザンヌさんが宣伝部長なので、バランスも取れますし。熊本県の二枚看板でガンガンいきましょうよ」

「それにしても、非常勤職員から一気に営業部長というのは……」という声はかき消され、

「二枚看板でガンガンと言うわりには、『とりあえず営業部長』かい？」

「県庁内では、部長の上は副知事しかいないと

平成23年度から展開中の名刺のひとつ

いう重要ポストだぞ」

「もとい。今年はぜひ営業部長、ということで」

「で、何か策はあるの、策は?」

「太平燕ですよ、太平燕。あのやり方を使わない手はないでしょう」

「太平燕?」

## スープはるさめ 熊本名物太平燕

それは、東日本大震災の発生で短命に終わったくまモンの企業コラボ食品、エースコックの「スープはるさめ太平燕」のことでした。

エースコックの本社は大阪府吹田《すいた》市。カップスープの売上げナンバーワン商品である「スープはるさめ」が主力商品という会社です。その「スープはるさめ」シリーズの新商品として、「スープはるさめ太平燕」を同社のほうから企画提案してくださったのです。

お話があったのは、平成二十二年十一月。九州新幹線全線開業記念商品として、翌年三月に全国発売したいとの意向でした。「太平燕」はありがたいのですが、当時、まだまだ駆け出しのキャラクターだったくまモンを、全国向け商品のパッケージに使おうとは、なんとも向こう見ずな企業が……もとい、素晴らしく先見の明がある企業があったものです(汗)。チームくまモンにとっては、信じられないお話でした。

十二月二十二日には、担当の方がわざわざ大阪から熊本まで来られ、チームくまモンもサンプル試食をさせていただきました。

太平燕が大好きで、味にはうるさいリーダーも、「スープはるさめ太平燕」を口にした後「いいんじゃない！」を連発。

この「いいんじゃない！」を受け、年明けの平成二十三年二月十七日にニュースリリースを実施。パッケージには、「熊本名物」「九州新幹線全線開業記念」といった表示に加え、「くまもとロゴ」もあります。くまモンの顔も正面に、上から半分だけ可愛らしくプリントしてもらいました。

そして三月七日にはついに全国発売。しかし……発売直後の十一日に発生した東日本大震災の影響で、「スープはるさめ太平燕」に入っている「かやく」の調達ができなくなり、残念なことに当初出荷分だけの発売に終わってしまっていたのです。

「スープはるさめ太平燕……」

会議が沈黙します。

装いも新たなスープはるさめ太平燕

幻のスープはるさめ太平燕

震災前の出来事が、まるで遠い過去のように思えます。
ふと、遠くを見つめ、平凡な日常を送れることの非凡な素晴らしさにまだ気づいていなかった日々に思いを馳せるチームくまモン。

ちなみに、スープはるさめ太平燕は、およそ二年間のときを経て、平成二十五年一月七日、装いも新たに「熊本名物くまモンの太平燕だモン!」として再び発売されることになりました。くまモンの顔を全面に配したインパクト満点の真っ黒いパッケージです。ぜひ今度こそロングセラー商品に育ってほしいものです。

## デスクワークより、フットワーク。

「エースコックのスープはるさめ太平燕は、熊本名物の太平燕を全国に知らしめるよい機会だったと思うんですよ。震災さえなければ、くまモンの人気と相まって、熊本名物太平燕の名前も、もっと全国に広がっていたに違いない。でも、これは私たちにしてみれば、いわばタナボタで、もとを正せば先方からの企画提案だったわけですよね」

再び会議が動き出します。

「今度は、こちらから働きかけてはどうでしょう。営業部長のくまモンが、県産品を使った商品を製造、販売してもらうために、関西の会社に営業して回るんです」

くまモンも、**デスクワークより、フットワーク**。と乗り気です。

「一体、どこの物好きな企業が、ゆるキャラの営業を受け入れてくれるって言うの？」

ここが大阪なら「あほちゃうか！」と言わんばかりの剣幕です。

くまモンもさすがに、**熊じゃ、だめですか**。と、落ち込む始末。

「いや、言葉が足りませんでした。誰もが知っているような本物の食品会社に協力をしてもらって、商品開発担当の方に、くまモンが県産品のよさを売り込み、商品化について提案する姿を映像に押さえウェブで流す、という趣向です」

「くまモンが直接視聴者に向けて県産品をPRするのではなく、食品会社に県産品を営業する姿を、視聴者が第三者の視点で見るわけだな」

「携帯電話会社や軽自動車メーカーが、CMでこの手法を使ってますね」

「趣向とはいえ、ゆるキャラが本物の企業に営業をかけるとなれば、マスコミの話題になりますし、企業にしてみれば、熊本県がタダで宣伝をしてくれることになるわけですよ。お得じゃないですか。そして、万が一にも県産品による商品化につながれば……」

「万が一にもそんなことはない！ 民間企業を甘く見たらあかん。……しかし、発想は面白い。いいんじゃない！……ただ、いくらお得といっても、こんな馬鹿げた話に付き合ってくれる企業があるかどうか……」

……そのとおりでした。この案をウェブだけでなく新聞紙面でも展開することを引き受けてくれた代理店はあったのですが、肝心のくまモンの営業訪問を受けてくれる食品会社がなかなかそろわないのです。そりゃあ確かに、調子に乗って一〇社も目標としてしまったのですから無理もない話ですが……。

日が過ぎていきます。季節は夏から秋に移ろうとしていました。代理店にも焦りの色が見えます。焦っているのは私たちも同じです。一〇社が出そろうのを待っていては身動きが取れません。やむを得ず、見切り発車することにしました。迷ったらGO！です。

あらためて考えてみると、行政がお金を出して民間企業のPRをするというのは（単純化すれば、こういう受け止め方になります。決してそうではないのですが……）、企業にとっても前例がないことだったのでしょう。しかも、こちらがあわよくば商品化を狙っていると分かれば、うかつに話に乗れるはずもありません。ノリのよい大阪の企業だったら、と思ってはいたのですが……。

しかし、前に進むしかありません。とりあえず了承していただいた企業への訪問からスタートし、実績を見ていただいた上で、次の協力企業を探ることにしました。

＊この章では、「とりあえず」が頻出しています。チームくまモンが、いかにも場当たり的に企画を進めているかのようですが、あくまでも当作品上の演出に過ぎないことを強調しておきます（苦笑）。

## 来てくれないから、売りにきた。

企業訪問の記念すべき一社目は、ＵＨＡ味覚糖でした。

ＵＨＡ味覚糖は、大阪市中央区にある、「ぷっちょ」や「シゲキックス」で有名な菓子メーカーです。平均年齢が高いチームくまモンにとっては、むしろ「味覚糖のど飴」のほうがなじみ深いのですが……。

同社は、企画提案の最初から、当方の申し出を快く受け入れてくださいました。

平成二十三年十月五日、リーダーのやっかみをよそに、営業部長への異例のスピード昇進を果たしたくまモンは、秘書まで従え、♪小ぬか雨降る御堂筋♪（古っ！）ならぬ小雨が降る中、

マスコミに囲まれながらの営業風景

松屋町筋をUHA味覚糖本社目指して歩きます。**来てくれないから、売りにきた。**と言わんばかりにくまモンの足どりは軽やかです。

もちろん、その先に、ウェブにアップするためのカメラクルーが待ち構えているのは、言うまでもありません。プレスリリースの効果もあり、既に同社には、「くまモン営業部長」の初仕事を取材しようと、報道各社が待ち構えています。

緊張した面持ちでくまモン営業部長と秘書が席に着きます。UHA味覚糖の担当の方々もまた、いつもと違う社内の異様な雰囲気に緊張しています。それもそのはず、目の前には本来こんなところにいるはずもない、ゆるキャラくまモン、そして周りは報道各社のカメラが取り囲んでいるのですから……。

まずは、**歩く、熊本名物です**。と、名刺交換をしながらさりげなく自己PRです。

これは、あっさりスルーされましたが、くじけずフリップボードを使ってのプレゼンテーションを始めます。

「辛子蓮根味のシゲキックス」や「いきなり団子味のぷっちょ」には険しい表情を見せる担当の方々も、「ぷっちょジューシーデコポン味」には笑顔で及第点がもらえる……というストーリーは、どうぞウェブ上の「くまモン、UHA味覚糖へ行く」でお楽しみください。

## くまもと八代産晩白柚ぷっちょ

どうにかスタートできた、くまモン営業部長の企業訪問でしたが、数日後サプライズな展開が待っていました。

なんと、UHA味覚糖から、本当に「ぷっちょ」を作りましょうとのオファーをいただいたのです。平成二十三年十月十七日のことです。

山田泰正社長の鶴の一声「面白い提案なので、至急開発しなさい」で、ことが動き出したのです。

「こんな馬鹿げた話に……」「どこの物好きな企業が……」「万が一にもそんなことは……」

……会議の折の軽率な発言の数々。UHA味覚糖さま、本当に失礼いたしました……(汗)。

後日、熊本県庁で行われた商品化決定記者会見に立ち会われたUHA味覚糖の幹部の方から伺ったところでは、くまモン営業部長が同社を訪ねた日の午後、山田社長が、偶然にも小山薫堂さんと会っていたというのです。

山田社長と小山薫堂さんは、ほぼ毎月一回は会っている間柄とのこと。そう言えば以前、小山薫堂さんから、「既存の商品をベースにしても、アイデア次第で売上げが変わる」という事例として、「特恋ミルク8・2」というキャンディーの話をお聞きしたことがあります。薫堂さんは私たちの前に実物を取り出し、

「僕が教えている大学（東北芸術工科大学デザイン工学部企画構想学科）の学生たちのアイデアから生まれたキャンディー『特恋ミルク8・2』がこれなんですよ。キャッチフレーズは『シャイなあなたを応援します』。それぞれの包みには『仲良くしてね』『つきあってください』といった、なかなか直接には伝えられないメッセージが印刷されているでしょ。これ、大学近くのスーパーにお願いして置いてもらったら、大ヒットしたんですよ……」

という話をしてくださったことがあります。あの「特恋ミルク8・2」、もともとの商品名「特濃ミルク8・2」を作っているのが、UHA味覚糖だったのです。

「なんという偶然力！」とその場で口には出さなかったものの、頭の中では、山田社長と小山薫堂さんの会話が勝手に妄想されるのでした……。

山田社長「今日、熊本県から我が社に、あろうことか、ゆるキャラのなんとかというのが、営業に来たんですよ。聞けば営業部長というではないですか。面白《おもろ》いことを考える県があるもんだなぁと、お付き合いさせていただきました」
小山さん「あ、それくまモンですよ。僕が熊本県に『くまもとサプライズ』のキャラクターとして使ってみたらと、昨年春、提案したんですよ。へぇ〜、営業部長にまで出世してたんですかぁ」
山田社長「へぇ〜、小山さんが関わってらしたんですか。偶然ってあるもんですねぇ、それじゃあ、何か考えてあげないわけにはいかないなぁ」

＊あくまでも、妄想であって、本当にこんな会話が交わされたわけではありません。よもやUHA味覚糖訪問直後の十月十四日に放送された「探偵ナイトスクープ」に登場したくまモンを、山田社長がご覧になって、「これは使える！」と思った上での判断……でもないと思います。真相は未だ謎ということで。

さて、商品化にあたり、実際に「ぷっちょ」の原材料として選ばれたのは、「八代産の晩白柚」でした。

晩白柚は、ザボンの一種で香りのよいかんきつ類。くまモンが吉本新喜劇に出た際、今くるよさんにお土産として差し上げた、あの巨大なやつです。熊本県八代市の特産物で、大人の頭ほどの大きさのものもあり、平成十年には重量世界一のザボン種としてギネスに登録されています。

ここでまたも「偶然力」が発揮された出来事がありました。

「くまもと八代産晩白柚ぷっちょ」の商品化が決まったものの、製造するために欠かせない、質のよい晩白柚果汁を安定的に調達するルートがなかなか確保できません。そんな中、六月に開催した「東日本大震災復興支援チャリティーバザール」でお世話になった、氷川町にある「道の駅竜北」の鮎川支配人（当時）が、力を貸してくださったのです。

道の駅竜北では、晩白柚一〇〇パーセントのジュースが販売されていました。晩白柚果汁の製造には、絞りすぎればエグ味が出る、絞りが足りなければムダが出るという難しさがあります。道の駅竜北で売られていたのは、水俣市の福田農場と試行錯誤の上に商品化された、絶妙のバランスを保った晩白柚本来の味が楽しめるジュースだったのです。

あのとき、あの催事を開催することがなければ、鮎川支配人と知り合いになることもなく、晩白柚果汁も速やかに調達できなかったのではないか……。世の中どこでどうつながっているのか……、本当にありがたいことでした。

晩白柚果汁も調達でき、本来であれば、六カ月ほどかけ、商品見本市を経ての発売となるべきところ、「くまもと八代産晩白柚ぷっちょ」は、平成二十四年三月二十七日には九州地域のコンビニで先行発売、四月二日には全国発売というスピード発売となりました。

晩白柚とハニーローザのぷっちょ

考えてみてください。これは全国のコンビニで、「くまもと八代に晩白柚あり！」と宣伝しているようなものです。快挙です。

十月には、くまモンとぷっちょくんのコラボ携帯ストラップという「おまけつきぷっちょ」も発売されるという、UHA味覚糖の力の入れようです。

また、「くまモン営業部長」のさらなる営業が実を結び、「くまモンぷっちょ」第二弾として、平成二十五年三月には「くまもと玉東《ぎょくとう》産ハニーローザぷっちょ」も発売されました。

ハニーローザとは、スモモの一種で、やや小ぶりながら、糖度が一七度程度と他のスモモと比べて圧倒的に高く、酸味が少ないという優れた食味。熊本県玉東町が日本一の栽培面積と生産量を誇ります。

……と、もっともらしく紹介していますが、ハニーローザがなんたるか、今回の件で初めて知ったチームくまモンでありました（汗）。まだまだ勉強が足りません。

## 野菜生活100デコポンミックス

くまモン営業部長の営業は、東京にも及びました。

**これは、出没ではなく、出張です。**

と、本人も念押ししています。

「デコポンぷっちょ」の企画を営業しているときに思い出したのです。デコポンと言えば、確か前年平成二十二年冬、カゴメから季節限定で「野菜生活100デコポンミックス」が販売されていたことを。

デコポンは、JA熊本果実連の登録商標で、品種名は不知火《しらぬい》。清見《きよみ》とポンカンを交配したもので、なりくちがポコッと盛り上がった凸《デコ》があるのが特徴です。熊本県は、生産量日本一を誇り、冬の特産品となっています。

そのデコポンを使った季節限定「野菜生活100デコポンミックス」の販売を、たったひと冬で終わらせるのはもったいない限りです。

季節ははや秋。冬のデコポン最盛期が始まるまでが勝負です。さっそくカゴメにアポイントメントを取りました。

カゴメは、「トマトケチャップ」「トマトジュース」「野菜生活100」などを製造販売する食品企業です。ちなみにトマトの生産量日本一も熊本県なのですが、今回はデコポン一本で勝負です。

カゴメでも、前年冬に販売した「野菜生活100デコポンミックス」の評判がよかったらしく、ちょうどこの年も季節限定商品として検討を進めていたところでした。

熊本県としてはありがたい話ですが、デコポンミックスがそのまま発売になってしまったのでは、くまモン営業部長の手柄になりません。ここは策をもって臨むしかありません。

## 御社のCMに、私はいかがですか。

平成二十三年十一月二十一日、くまモン営業部長は、東京都中央区日本橋浜町のカゴメ東京本社を目指します。

そこでは、なんと西秀訓《ひでのり》社長が商品企画部長を従え、直々にくまモンを出迎えてくださいました。

全国的な知名度を持った食品企業の社長とゆるキャラの対談。この一風変わったネタにマスコミも好意的に飛びつき、大勢の報道陣も集まっています。

さて、社長相手に、用意した策が通用するのか……? その前に、策そのものを切り出したものかどうか……。

まずは、当たり障りのないところで、今年もまた全国的に販売してほしいとのお願いから入ります。

これには、西社長も笑顔で「やりましょう!」と即答です。

既に試飲用の商品も用意されています。まずはそれをいただき、喉を潤したくまモン営業部長。おもむろに、

**「御社のCMに、私はいかがですか。」**

と、フリップボードを使ってアピールしました。

西社長もこれには苦笑い。周囲からも笑いが聞こえます。

半月後に販売開始が決まっているこの時期にCM出演の交渉など、ありえないことは分かっていたものの、営業部長としては、手ぶらで帰るわけにはいきません。

すると、西社長から助け舟が出されました。西社長から促されるままに、あらためて試飲用のパッケージを見てみれば、側面にくまモンのイラストが印刷されているではありませんか!

さらに熊本産のデコポンを使用していることを強調した説明書きもありました。くまモン営業

部長を迎えるに際しての、西社長の温かい配慮でした。

これにはくまモン営業部長も、ひたすら頭を下げて感謝です。

曰く、**今日も、頭を下げて、男を上げる。**

男が上がったかどうかはさておき、平成二十三年十二月六日、季節限定で「野菜生活１００デコポンミックス」が全国発売されました。

「こんな馬鹿げた話に……」「どこの物好きな企業が……」「万が一にもそんなことは……」……。カゴメさま、本当に失礼いたしました……（汗）。

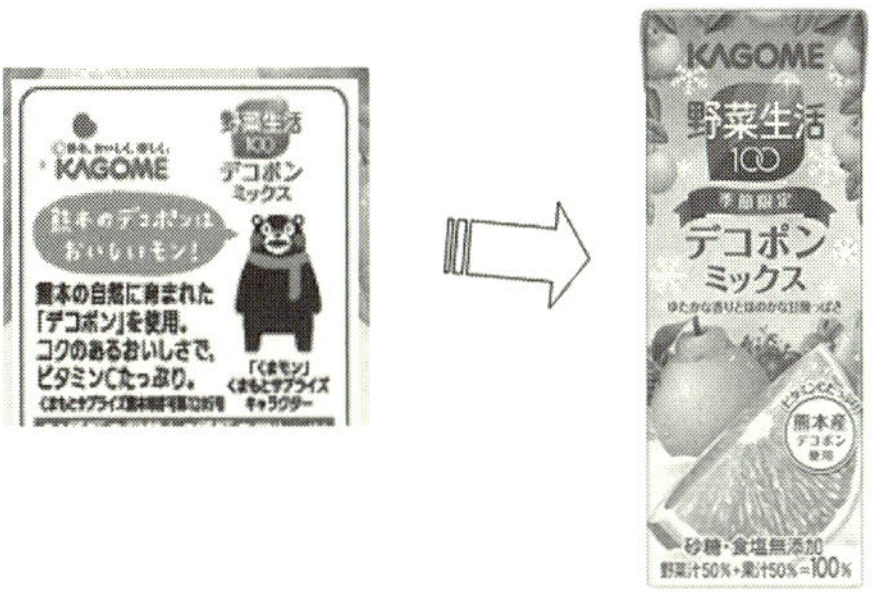


側面にくまモンがデザインされている野菜生活100デコポンミックス

毎週金曜日、日経ＭＪ紙上に掲載される「新製品週間ランキング」飲料部門で、毎回上位に「野菜生活１００デコポンミックス」がランクインされているのを、チームくまモンがうれしく見守ったことは言うまでもありません。

はたしてくまモン効果はあったのか？　あったと言うべきでしょう。販売期間終了後、前年比で三割増の売り上げを記録したというカゴメからの報告を受け、チームくまモンもくまモン営業部長の成果に結びついたと、胸を撫で下ろしました。

## かれこれ2年、クマドルやってます。

カゴメへの営業活動には後日談があります。

くまモン営業部長をCMに使ってほしいというプレゼンテーションの成果が、思わぬところから舞い込んできたのです。

年度が変わった平成二十四年五月、小山薫堂さんが代表を務める「オレンジ・アンド・パートナーズ」から、三年目を迎える「野菜生活100デコポンミックス」のCMに「くまモン営業部長」を使いたいという提案をいただきました。しかもカゴメの営業部長としてです。

オレンジ・アンド・パートナーズは、企業のコンサルティングやブランディング、PRなどを手がける会社です。今回は、カゴメのほうから依頼があったとのこと。

さすがにこれには悩みました。確かにCMに使ってほしいとお願いしたのは当方です。しかし、くまモン営業部長は、**見た目以外は、公務員。**地方公務員法上からも、民間企業の営業部長との兼業は許されません。手柄を狙って奇策に打って出たことが、思わぬ波紋を呼んでしまいました。

＊これまで本書を読み進んでこられた賢明な読者のみなさまには、あえて説明するまでもありませんが、くまモンが「見た目以外は、公務員」と言うのは……、あっ、やはり説明は不要でしたね。

たび重なる打ち合わせを経て、カゴメ営業部長の件は、丁重にお断りをさせていただきました。それでもカゴメは、くまモンをCMに起用したいとのありがたいお申し出。最終的には、熊本県の特産品であるデコポンの美味しさや、そのデコポンが育っている熊本の自然や育てている農家の方々の思いを、くまモンが全国に届ける、というイメージで製作することとなりました。

CM撮影中のワンシーン

監修、そしてナレーションは、なんと小山薫堂さんです。これって親子共演？　それはさておき、撮影は熊本と大阪の二カ所で行われました。熊本では、平日にもかかわらず、エキストラとして四〇〇人もの「くまモンファン」の方々が集まってくださいました。九州新幹線での車内撮影も行われました。

カゴメの宣伝担当の方からは、「『デコポンミックスのCMに出たい！』とくまモンに直談判されてから一年。お互いの強い

熊本城に集まったエキストラのみなさん

思いでこのCMができあがりました」との温かい声をいただきました。

くまモンの思いは通じていたのです。

平成二十四年十一月二十七日、くまモンを起用した「カゴメ野菜生活100デコポンミックス」の発売開始に合わせ、テレビCMがオンエアされました。くまモンが全国CMに起用されるのは、もちろんこれが初めてです。

同時に公開された、カゴメオフィシャルホームページでは、テレビコマーシャルの概要やカゴメ製作担当者のコメント、見どころに加え、出演者のプロフィール、BGM、ナレーション等々が詳しく紹介されています。同ホームページでしか見ることができない一八〇秒の特別バージョンもあります。ぜひくまモンの名タレントぶりをご覧になってください。

くまモンもこうして見れば一流のタレントさんの扱いです。

えっ？

**かれこれ2年、クマドルやってます。** ですって？

ほざいてなさいな！

## 県のキャラクターが、県内だけにいてはいけない。

くまモン営業部長の広告（読売新聞関西版）

話は、平成二十三年に戻ります。営業部長初となるUHA味覚糖への県産品の営業活動や、東京まで足を延ばしてのカゴメでの営業活動が終了し、その過程が十月二十一日から関西エリアで新聞広告として掲載されて以降は、他社へのアプローチも比較的順調にできるようになりました。

私たちの意図を理解してくださる企業が増えたということでしょうか。

「とりあえず（苦笑）」スタートした企画ではありましたが、結果としてくまモン営業部長の食品企業訪問は、関西エリアを越えて関東にも及び、なんとか、当初目標とした一〇社の訪問を達成できたのでした。

その他の「くまモン営業部長」の企業訪問の顚末につい

ては、ぜひウェブで。ここではタイトルだけご紹介しておきます。

第一話「くまモン、営業部長就任!?」の巻
第二話「くまモン、UHA味覚糖へ行く」の巻
第三話「くまモン、新世界へ行く」の巻（新世界串かつ振興会）
第四話「くまモン、カゴメへ行く」の巻
第五話「くまモン、グリコへ飛び込み営業」の巻
第六話「くまモン、神戸で営業する」の巻（UCC上島珈琲）
第七話「くまモン、兵庫県で営業する」の巻（ヒガシマル醤油）
第八話「くまモン、営業はつらいよ」の巻
第九話「くまモン、横浜で営業する」の巻（日清食品ホールディングス）
第一〇話「くまモン、サントリーへ行く」の巻

ちょうどこの時期、「ゆるキャラグランプリ2011」に向け、全国各地でゆるキャラたちの選挙活動？が活発になっていました。少しずつではありますが、ゆるキャラが市民権を得るようになってきた時期と一致します。その影響も少なくなかったと言えるでしょう。

そしてくまモンは、この「ゆるキャラグランプリ２０１１」で全国制覇。これにより、環境は一変しました。東京キー局からテレビ出演のオファーが届くようになったのです。これに呼応するかのように、さまざまな食品企業から商品化の話が舞い込み始めます。営業部長の成果としていくつかご紹介しましょう。

平成二十四年二月には、株式会社神戸屋から、「熊本阿蘇ジャージー牛乳蒸しパン」と「熊本メロンパン」が、三月には株式会社ＪＲ東日本リテールネットから期間限定で、りんどうポーク、万次郎かぼちゃ＆ホイップなどを使用したパンが、それぞれ発売されました。

チロルチョコ「いきなり団子」

九月にはチロルチョコ株式会社から、チロルチョコ「いきなり団子」が全国発売されています。

食品ではありませんが、阪神タイガースとは、くまモンの看板掲出以来のお付き合いが続いています。三月に、背番号０９６（熊本市の固定電話市外局番です！）が入ったタイガースのユニフォームを着たくまモンフェイスタオルが、甲子園球場などで販売されました。

また、これまで一度も依頼がなかった県外のスーパーなどから、熊本県の物産展を開きたいとの依頼も舞い込み始めました。もちろん、お目当ては、くまモンです。くまモンも、**県のキャラクターが、県内だけにいてはいけない。**と積極的で、八面六臂《ろっぴ》の活躍です。

どうやらくまモンは、「とりあえず営業部長」から、名実伴う営業部長として、「売るキャラ」の地位を築いたようです。

えっ？ 曰く「売るキャラ」じゃなくて、「ウルトラキャラクター」の「ウルキャラ」？

名刺のコピーにそんなことは書いてないんだけど……。

## はたらっくま

営業部長としての活動とは別に、くまモンが、さまざまな商品となってみなさんの周りに登場していることは、あらためてお話しするまでもありません。

平成二十二年十二月二十四日の利用許諾開始以来今日まで、くまモンは、ロイヤルティ、すなわちキャラクターの利用料を取らずにいます。

それもひとつの理由でしょうが、やはり全国的な人気の高まりが、多くのくまモン関連商品が誕生している最大の理由でしょう。キャラクター利用の申請は、くまモンの知名度がアップするにつれ、どんどん増えています。商品化の問い合わせなども、毎日、全国から寄せられています。当然、くまモン関連商品の売り上げも増加の一途をたどっています。

現在（平成二十四年十二月末）までに、七八〇五件の利用が許可されています。

初めてデータを取りまとめた平成二十三年九月末におけるその年の売り上げは、報告があっただけで一〇億円超でした（出荷ベース）。平成二十三年の年間売り上げは最終的には二五億円になりました。

熊本県民百貨店１階のくまモングッズコーナー

最も新しい数字としては、平成二十五年二月二十日に発表した平成二十四年一年間の売上げが、回答があっただけでも二九三億六〇〇〇万円以上（アンケート回収は五割強にとどまっている状況）。前年比で一二倍にもなろうかという勢いです。

平成二十四年後半には、矢継ぎ早に、写真集やムック本など七冊のくまモン関連本も発売されました。

いずれも熊本県のPRに一役も二役も買っているのは間違いありません。

本人曰く、**はたらっくま**

本人が働いているときはもちろん、休んでいる間も？こ

熊本県が発行している商品化マニュアル冊子

れらの商品は、熊本県をアピールし続けてくれているのです。

## 願いは、熊モテ県♥

「ゆるキャラグランプリ2011」で優勝を果たし、名実共に全国的にも有名なゆるキャラに成長したくまモンには、次なる使命が待っています。いよいよ「くまもと」を一位にすることです。

「KANSAI戦略」の項で、「四七都道府県の中で、一番、行ってみたいな、面白そうだな、食べてみたいな、使ってみたいな、進出したいな、と思っていただける県になりたい」とお話ししました。これこそくまモンに求められる、これからの使命でしょう。

営業部長として対外的に活動するだけでなく、県内では「くまもとサプライズキャラクター」として、ぜひ、くまもとに生まれて、育って、学んで、働いて、育てて、生活して、幸せだなあ、と思っていただける県民の方が一人でも多くなるように、サプライズと幸せのタネを蒔いてもらいたいと思います。

曰く、**願いは、熊モテ県♥**

振り返れば、これまでの奇跡、もとい軌跡は、くまモン頼みではなく、チームくまモンやくまモンファンの総合力の軌跡であることは明らかです。私たちも既に、くまモンと一緒に、サプライズとハピネスのタネを蒔き始めているのではないでしょうか。

第五章

# ダメ出しにくじけずアイデア量産

## チームくまモン式アイデアのつくり方

チームくまモンは、よく会議をします。それは、必ずしも「ザ・会議」といったあらたまったものではなく、執務室での雑談からスタートするものもあります。テーマはいつも、くまモンを活用した「サプライズ」なアイデアなのですが、脇道に逸れてしまうこともしばしばです。脇道から面白そうなアイデアが生まれることもよくあります。もちろん、その何倍も、何十倍も！ダメ出しを食らいますが、それでメゲていては、チームくまモンは務まりません。

出てくるアイデアには、行政だけではどうにもならないものや、民間でなければできないこと、中には荒唐無稽なものもありますが、先ほども紹介したように、小山薫堂さんも「これがなにより大切だと思うのですが、『サプライズをするぞ』といった瞬間にみんなが一丸になれること。すごく明確な目標が生まれ、結束力が強まるわけです。それはとても素敵だといつも思います」と言っています。

熊本県に暮らす人たちが、官民の枠を越え、みんなでくまモンと一緒になって、「サプライズするぞ」と一丸になれれば、素敵ですよね。

でもなぜ「サプライズ」なのか？　小山薫堂流に言えば「『自分たちが幸せになること』につながる」から。知事蒲島郁夫流に言えば「県民の総幸福量の最大化」。優等生の答えではありますが、チームくまモンは、本気でそう考えています。そしてくまモンの**願いは、熊モテ県♥**。

それでは、「小山薫堂式アイデアのつくり方」を真似て考えた「サプライズ」のアイデアを(既に実現したものも含め)いくつかご紹介しましょう。

## カラオケルームでくまモン体操!

くまモン体操の歌「くまもとサプライズ!」は、もともと、サウンドクリエイターのボンボ藤井さんが九州新幹線全線開業記念行事のため、くまもとサプライズのキャンペーンソングとして作詞作曲をされたものです。

今ではくまモンのテーマソングとして定着しており、ノリがよく、くまモン体操を踊れなくても、聞いているだけで自然と体が動き出し、元気になる音楽です。

できるだけ多くの方に知っていただきたいとのボンボ藤井さんの意向もあり、現在はくまモンのオフィシャルサイトから無料でダウンロードできるのですが、カラオケで歌いたい！　みんなで歌いながら踊りたい!とのお客様の要望に応える形で、実現に向け検討が始まっています。この本が出版される頃には、全国のカラオケルームのあちらこちらで「くまもとサプライズ!」の歌声が響き、くまモン体操を踊る姿が見られることでしょう。

カラオケの映像（株式会社第一興商、対応機種LIVE DAM）

そこで、もし実現できるなら、県内各地の名所や観光地を歌詞に取り入れて、二番、三番……と歌詞を作ってみたらどうでしょう。歌詞に合わせて振り付けも変えてみる。保育園や幼稚園など、さまざまな団体がオリジナルの歌詞と振り付けを作ってみる。

もちろん、カラオケでは、県内各地の観光地を背景にして元気そうに踊るくまモンの映像が必須ですね。

近い将来、カラオケに行けば、友達や家族みんなで「くまもとサプライズ！」を歌いながら体操を踊れる……そんな楽しい光景が広がればいいですね。

ここまでくれば、やはり「くまモン体操選手権」開催しかありません。年に一回、ボンボ藤井さんや、熊本の人気タレントでダンサーでもある藤本一精《いっせい》さんたちを審査員に招き、各都道府県での予選を勝ち抜いたチームが、熊本でナンバーワンを競う……。楽しい一日になりそうです。

## ブロードウェイも夢じゃない

くまモンがくまモン体操だけでなく、実にさまざまなダンスを踊れることは、ファンのみなさんもよくご存じのことと思います。

平成二十三年六月二十五日、熊本市上通《かみとおり》で行われたマイケル・ジャクソン追悼ダンストリビュートでは、帽子と白い手袋をして飛び入りし、キレのあるダンスを見せました。AKB48の「Ｅｖｅｒｙｄａｙ、カチューシャ」や「ヘビーローテーション」、マルモリダンスもこなします。平成二十四年の年末に行われたご当地キャラ×「コール・ミー・メイビー」パロディビデオ選手権では、熊本城を背景に軽やかなダンスを一曲ノーカットで踊りとおしました。残念ながら入賞は逃がしましたが、動画を見ていただいた多くの方々から数多くの「いいね！」をいただきました。

実は、キレのあるダンスを見ていただくために、くまモンは、ちゃんとプロの先生についてレッスンに励んでいます。さすがにここで先生の名前まで明かすわけにはいきませんが……。寸暇を惜しんでのレッスンの成果は、ダンスだけでなく、普段の動きにも生かされています。

「ダンサーくまモン」のさらなる飛躍の場を考えれば、やはり、ニューヨーク、ブロードウェイでしょう。世界中のエンターテインメントが集まり、最高のショーを見ることができるブロードウェイ。ここで起きる出来事が、瞬時に世界中へ発信される街でもあります。

まずは、世界の十字路の異名を持つタイムズスクエアあたりで路上パフォーマンスを披露することから始めてみてはどうでしょう。冬場なら、ロックフェラー・センターにあるスケートリンクで、プロメテウスの黄金像をバックに華麗なスケーティングを見せることもできます。ロックフェラー・センターには、確かアメリカ四大放送ネットワークのひとつでもあるNBCスタジオがあったはずですから、あわよくば……。

ぜひ「世界のエンターテイナーくまモン」を目指してほしいと思います。

その先鞭をつけた、というのは言いすぎですが、平成二十四年十二月二十六日付の米紙「ウォール・ストリート・ジャーナル」一面に、「日本のゆるキャラブームの『顔』」としてくまモンが紹介されました。この調子なら、アメリカデビューも案外早いのかもしれません……？

## 熊本県くまモンランド化構想

これは、熊本県全体を「くまモンランド」と想定し、官民挙げてそこかしこに「くまモン仕掛け」を施し、観光客をサプライズ！しようというものです。

イメージは、浦安市にある国内最大のテーマパークです。

そこでは、ねずみのキャラクターをはじめとするさまざまなキャラクターたちが、生き生きとしたパフォーマンスでお客様をおもてなししています。

「くまモンランド」では、くまモンをはじめ、ひごまる、ころう君、いつきちゃん等々が、キャラクターとして、それぞれの地域で活躍します。

聖地として、「くまモンの棲家《すみか》」も必要です。阿蘇の麓に作ってみればしっくりくるかもしれません。県内各地に棲家が複数あって、渡り歩く想定も楽しい。いっそ、「くまモンの棲家」が農山村体験交流施設になり、都会の子ども対象の民泊事業に発展しても楽しいかもしれません。

また、そろそろ営業部長としての執務室も作らないといけません。そこには、吉本新喜劇のステージに立ったときの台本をはじめ、これまでの活動を記録した品々を展示しておく必要があります。

いっそ、「くまモンミュージアム」を作って、これまでに作られたくまモンに関するポスターなど、作品の数々を飾っておくのもよいでしょう。

キャラクターグッズも欠かせません。既に県内外では数多くの「くまモングッズ」が発売されています。県内各地に公式「くまモンショップ」を開設し、運営してもらってもいいかもしれません。お土産だけでなく、一流のバリスタがいて、くまモンの顔を描いたカフェラテが飲めれば最高です。

オリジナルフーズもあったら楽しいですね。

「カクテルくまモン」は、既にスザンヌさんのお母さんが熊本市内で経営するキャサリンズバーで味わえます。「氷菓しろくまモン」(鹿児島のしろくまの派生商品?)、「くまモンジャ焼き」(熊本発B級グルメ)、白い恋人ならぬ「黒い恋人」(黒ゴマ焼き菓子?)、マカロンならぬ「マカモン」などというのも、面白いかもしれません。

観光地では、ここからの眺めが素晴らしい、というポイントに、FRP(繊維強化プラスチック)で作った「くまモン人形」が指差す「くまモン観光ビューポイント」を設置し、一緒に記念撮影ができるようにします。

市町村にお願いして、マンホールは、くまモンやその地域のキャラクターをデザインします。観光客のみなさんが、地図を片手に「くまモンマンホール(モンホール?)」を探して回るのも楽しそうです。工事用のポール渡しもくまモンが使えそうです。

ホテルの客室や喫茶店のトイレでは、「くまモンシルエット」の鏡を見つけることができれば最高です。

ホテルでは、くまモンづくしの「くまモンルーム」が待っています。朝はくまモンの型抜きをしたパンケーキに、くまモンが大好きな蜂蜜がかかっています。これを阿蘇ジャージー牛乳と一緒にいただく……。

「くまモンバス」は、「くまもんシャトルカー」として、既に熊本全日空ホテルニュースカイが熊本駅との送迎に使っています。「くまモンタクシー」は、安全タクシーで走り始めています。「くまモン通帳」も肥後銀行が発行しています。熊本ファミリー銀行や熊本第一信用金庫では、通帳ケースに使われています。金龍堂書店ではブックカバーにくまモンが使われていま

くまモンシャトルカー

くまモン切手と消印

す。切手も販売されました。県庁郵便局をはじめ県内のいくつかの郵便局では、希望すればくまモンの消印を押してくれます……。

「くまモンランド化」は、もう少しずつ始まっているのです。

県内の民間と行政それぞれができることから始めれば、時を置かずに「くまモンランド」が完成するのではないでしょうか？

こうしたものを全てまとめた公式ガイドブックなら、すぐにでもタウン情報誌「タンクマ」が発行してくれそうです。

県外から、くまモンに会いたくて来てくださる観光客も多くいらっしゃいます。修学旅行で来られる学校も。その方々の楽しみが増えれば、それだけで私たちも幸せになります。

## お泊まりはホテルのくまモンルームで

ホテルの「くまモンルーム」は、壁紙、ベッド、鏡、入り口まで、全てくまモンをデザインした部屋で、お客様をお迎えします。各ホテルに一室ずつ、県内全体で五〇室の特別室です。

なぜなら、「くまモンルーム」の壁には、大阪で展開した一点ものの面白ポスター全五〇種類が額装され掲げられているからです。もちろんくまモンのサイン入りです。多少破れていたり、シミがついているのは、風雪に耐えた証とでも言いましょうか……。くまモンのぬいぐるみも待っています。もちろんお持ち帰り可。ベッドカバーやクッション、カップやソーサー、スプーン、歯ブラシに至るまで全てくまモンづくし。「くまモンルーム」設置の暁には、くまモンファンのみなさんには、ぜひ全部屋制覇をしていただきたいものです。

（大阪で展開したポスターまでは掲示されていませんが、現在既に、三井ガーデンホテル熊本、ホテルニューオータニ熊本、ホテルヴェルデ、熊本全日空ホテルニュースカイの各ホテルが、

ホテルのくまモンルーム（上から三井ガーデンホテル熊本、ホテルニューオータニ熊本、ホテルヴェルデ、熊本全日空ホテルニュースカイ）

くまモンをテーマにした趣向を凝らした部屋を用意し、みなさまをお待ちしています。なお、各ホテルの部屋にあるくまモングッズは勝手に持ち帰らないでくださいね）

くまフォト（看板のＱＲコードにスマホをかざすと、右の写真のようにくまモンが現れ一緒に記念撮影ができる）

熊本県庁のくまモンさん

## くまモンさんとくまフォト

ＦＲＰによる「くまモン観光ビューポイント」の設置はまだですが、それに近い形で、平成二十四年八月、阿蘇山ロープウェー・天草イルカインフォメーション・熊本県物産館・熊本県庁の県内四カ所に、「くまモンさん」が設置されました。実はもう一体、同年三月に、県内設置に先立ち、なんと大阪のなんばグランド花月地階に初登場しています。その姿、なんとなくですが、あのビリケンさんに似ているような似ていないような……。

設置者の説明では、大阪・熊本の計五カ所にあるくまモンさんは、一体触れれば友達が増え、五体触れれば恋愛成就・夫婦円満になるというご利益があるとか。

また、スマートフォンのＡＲ（拡張現実）アプリを利用した「くまフォト」（ＲＫＫ熊本放送）を使って、県内各地の観光地でくまモンに会えるようになりました。

それぞれの観光地などに設置してある「くまフォトマーカー」に向けてスマホをかざすと、あら不思議、スマホのディスプレイに、なんとくまモンが現れます。観光地を背景に、くまモンと一緒に記念写真が撮れるのです。

「くまフォト」は現在、熊本、新玉名、新八代、新水俣の各新幹線の停車駅をはじめ、阿蘇大《だい》観峰《がんぽう》茶店や天草ロザリオ館、宇土《うと》マリーナ、鞠智城、八千代座、通潤橋《つうじゅんきょう》、青井阿蘇神社、芦北うたせ船等々、まだまだ増殖中とか。スマホさえあればくまモンとツーショット写真が撮れます。ぜひ全ポイント制覇を目指してください。

## 県産食材を使ってくまモンドセレクション

これは、県産の食材を使った食品コンテストのアイデアです。くまモンと「モンドセレクション」をくっつけただけの名称ですが、ちょっと惹かれませんか？

既に、県内では毎年熊本県商工会連合会が「くまもとうまカモン！」を実施していますから、これをそのまま発展させれば近道だと思います。県外の事業者の方々にも参加していただき、全国規模のコンテストになれば面白いと思います。

上位入賞者には、「くまモンドセレクション」金賞、銀賞、銅賞を贈呈。くまモンをデザインした「くまモンドセレクション」オリジナルシールを商品に貼る栄誉を贈るというものです。

審査は、当面、県内事業者部門と県外事業者部門に分けて実施してはどうでしょうか。将来的には海外事業者部門も作れればよいですね。

県外事業者部門では、県産食材の活用促進と新たな加工食品の開発を期待できます。

県内外の事業者が切磋琢磨することで、県産食材の消費拡大と質の向上を目指すのが目的です。

審査員には、例えば、県内の著名な料理人、土山憲幸さん、斉藤隆士さんなど。また、発酵仮面こと小泉武夫さん、もちろん小山薫堂さんにも加わっていただきます。

著名な審査員が名を連ねることで、「くまモンドセレクション」のステータスが上がれば楽しいですね。

## くまモンファーム発の贈りもの

会員制の県産品宅配制度のアイデアです。「くまモンファーム」として、提携した県内の農場や企業で生産される農林水産物や加工食品を定期的にお送りします。

もちろん、農産物は、「麦わら帽子のくまモン」でおなじみの「くまもとグリーン農業シンボルマーク」が付いた認証農産物です。加工食品は、味噌や醤油やゆず胡椒、トマト味噌等々、県産食材を使った安全で安心なものをセレクトします。

いずれも、離れて暮らす子どもたちを思いながら作ったかのような愛情を込めたものばかりです。

商品は、「くまモンオリジナルパッケージ」でお贈りします。そう、「贈る」つもりで「送る」のです。くまモンからの手紙も同封します。そこには贈られる商品の案内が書いてありま す。生産者の近況についても触れてあります。季節に応じ、若葉や紅葉が添えられていれば趣もありますね。草むしりを手伝うくまモンの写真も同封したり……。

「くまモンファーム」のオーナー制度も作ります。大豆を育て、刈り取りし、味噌や豆腐に加工してお送りします。草刈や収穫、味噌・豆腐づくりなどにはいつでも参加することができます。育ちの様子は、インターネットでいつでも確認できます。共に豊作を喜び、台風を憂え、発育を心配する……。

## くまモンによる県産品の一〇次産業化

熊本県は、全国でも有数の農業県です。県内では、六次産業化に向けさまざまな取り組みが行われていますが、ここでは、「くまもとサプライズキャラクター」として誕生したくまモンらしい提案をしてみたいと思います。

六次産業とは、「農業や水産業などの第一次産業が食品加工・流通販売にも業務展開している経営形態」のことで、農業経済学者の今村奈良臣《ならおみ》氏が提唱している造語です。六次産業化を進める上で、「選ばれる熊本」になるためには、何が必要か。ブランド論の視点から言えば、差別化です。つまり「他県にない強み」は何か？

言うまでもなくくまモンでしょう。

しかしここで、短絡的に、パッケージにくまモンを使ってとか、くまモンシールを貼ってと言うつもりはありません。既に多くの商品で、そのような取り組みは行われており、成果を上げています。

先に「贈るつもりで送る」と書きました。サプライズとハピネスのタネを蒔き続けることがくまモンの仕事です。六次産業化により生産され、消費者に届けられる商品に、どれだけ「贈る」思いを詰め込むことができるか。六次産業化に携わる方々が、くまモンになったつもりで、商品を手にする消費者にサプライズを届け、ハッピーな気持ちになってもらうことは、生産から流通に携わる県民一人ひとりにとっても幸せなことだと思います。

店頭で商品のポップを見たとき、商品を手にしたとき、あるいは商品が届けられたとき、包装紙を解いたとき、パッケージを開けたとき、商品の説明書きを読んだとき、もちろん商品を口にしたとき、それぞれの場面で、「面白い！」「この手があったか！」「へえ〜そうだったんだ！」「やられたぁ！」「ふふふ……」と感じてもらえるような、心の琴線に触れるような仕掛けを考え実践する。想像するだけでも楽しいと思いませんか？

サプライズやハピネスはPRICELESSです。フェイスブックやツイッター、もちろん口コミでも、どんどん広がっていきます。

この「サプライズ」や「ハピネス」といった付加価値を「創造」（この場合、「想像」してばかりでは困りますから）することを第四次産業とあえて位置づけ、六次産業に付加することで、一〇次産業化と定義してみたいのです。

「くまモンによる県産品の一〇次産業化」とは、言ってみれば、「六次産業化」＋「くまもとサプライズ」なのです。

「一〇次産業」という言葉は、既にいろいろなところで使われ始めています。ネットで調べてみると「観光農業を第四次産業と位置付け、観光農園や農業体験、農業ツーリズムなど第四次産業と言える部分を加えて……合算した十次産業化の新ビジネスモデルをつくればいい」と書いておられる牧野義司さん（メディアオフィス「時代刺戟人《しげきびと》」主宰）や、「（特許や実用新案、意匠などの）知的財産（第四次産業）を結びつけることによってさらに高価値のものとして、競争力を高めるという発想があります。足し算すると第十次産業」とされる児玉克哉さん（三重大学副学長）などがおられます。

第四次産業の定義はそれぞれですが、既に六次産業化の先を見据えて動き出しておられる方がいらっしゃるのは間違いないようです。

## くまモンそのものが「ブランド」

第三章で白状したとおり、チームくまモン関西部隊は、平成二十二年、「KANSAI地域におけるくまもとの認知度向上を目指す」ことをミッションとした「KANSAI戦略」としてスタートしました。

そのために「くまもとサプライズキャラクターくまモン」を活用しようとしたわけです。

くまモンは、私たちの予想をはるかに超え、大活躍。非常勤職員の「特命全権大使」から、一気に「営業部長」へ昇進。異例の出世ぶりは、新聞各紙でも報道されました。

平成二十三年一月には、「なんばグランド花月」のステージに立ち、十一月には、関西のお化け番組「探偵ナイトスクープ」に出演。「ゆるキャラグランプリ2011」優勝後は、民放各キー局の情報番組などでも引っ張りだことなり、今や全国区の人気者となりました。

キティちゃんからのお誘いも受け、平成二十四年のゴールデンウィークには、サンリオピューロランド（東京都多摩市）へのゲスト出演も行いました（その後も度々出演しています）。

キティちゃんとの2ショット

県内に限らず全国規模の企業から商品化の問い合わせが毎日のように届いていることは、先にお話ししたとおりです。

くまモンの人気に併せ、熊本への関心も高まりました。「くまモンに会うために熊本に行きたい」「熊本に行ってくまモングッズを手に入れたい」という声も聞かれます。うれしいことに、「あの面白い広告展開をしている熊本に行って話を聞きたい」というお申し出もあります。

そして実際、多くのくまモンファンが県外から訪れ、県民百貨店や城彩苑、鶴屋百貨店のくまモングッズ売り場で大人買いをしていかれます。プリクラやガチャポンなど個性豊かなくまモングッズがある県民百貨店は、く

くまモンと一緒に熊本県産酒が飲めるくまBAR

まモンファンの聖地と呼ばれ、熊本訪問のときは外せない場所になっているそうです。夜になれば、下通《しもとおり》の「くまＢＡＲ」に足を運び、くまモンと一緒に球磨《くま》焼酎などの県産酒を飲む姿も見られます。

東京と言えば、スカイツリー。京都と言えば、金閣寺。熊本と言えば、くまモン。

広島と言えば、もみじ饅頭。北海道と言えば、白い恋人。熊本と言えば、くまモン。

今や県外で、「熊本と言えば？」と尋ねれば、くまモンと多くの方が答えてくださるでしょう。

熊本を売り込むために生まれたくまモンですが、気づいてみたら、くまモンそのものが、「くまもとのブランド」に成長してしまったようです。

くまモンがチームくまモンの手を離れ、一人歩きをし始めてしまったようで、一抹の寂しさを感じないでもありませんが、これまでにも増して、全力でくまモンを支えていきたいと決意を新たにする私たちです。

## 「売るキャラ」から「ウルキャラ」へ

チームくまモン、もといい、「しがない地方公務員集団くまモンとおもろい仲間たち」のメンバーは、「サプライズ」と言われても、恋人や子どものためにない知恵を絞って誕生日やクリスマスのプレゼントを考えたり、年賀状を工夫したりといったことくらいしか思い出せません。けれども、くまモンを活用して県外のお客様に楽しんでいただくというのであれば、多少のアイデアが出ます。

そして、しがない地方公務員だけでなく、一人でも多くの県民のみなさんが、それぞれの立場で、県外からのお客様に楽しんでいただこうと、サプライズに知恵を絞っていけば、熊本はもっと楽しくなる、と思います。

いや、くまモン体操大集合でのコスチュームや数々のくまモングッズを見ていると、熊本のみなさんだけでなく、多くのくまモンファンのみなさんにその素質があると思われるのです。

くまモンが国際的なキャラクターになれるかどうかも、熊本が「熊モテ県♥」になれるかどうかも、くまモンを支えてくださる多くのファンのみなさまの「くまもとサプライズ❗」にかかっています。

ぜひこれからは、一緒に「売るキャラ」くまモンを「ウルトラキャラクター（ウルキャラ）」に育てていこうではありませんか。

平成二十三年十一月九日に、法政大学の坂本光司教授が、四七都道府県の「幸福度」ランキングを発表しました。日本で最も幸せに暮らせる都道府県の順位だそうです。熊本県は佐賀県と並んで五位にランクされました。「幸福度」は、生活や安全性、医療や福祉の充実度など四〇の指標を、一点から一〇点で数値化したものの合計だそうです。

東日本大震災前のデータで、もちろんくまモンも数値化されていません。

しかし、もしくまモンが数値化されてこの「幸福度」に反映されるとすれば、熊本県の順位は、間違いなくもっと上がるに違いないと、確信しています。

第二部

# くまモン地元戦略の秘密

熊本県庁チームくまモン熊本部隊

## 第六章

# 原点は保育園・幼稚園の子どもたち

## 熊本が素通りされてしまうという危機感

ここで語り手交代です。第一部では、主にくまモンの関西での活動について述べてきました。もちろんくまモンはその間、地元・熊本のことを忘れていたわけではありません。熊本でも、ちゃんとお仕事をしていたのです。第一部にもあった「熊本別働部隊」いわゆる「チームくまモン熊本部隊」です。第二部ではその活動についてご紹介しましょう。

チームくまモン熊本部隊は、関西部隊に先立つこと一年、平成二十一年四月に誕生しました。目的は、九州新幹線が二十三年の三月に全線開業するので、その機会をとらえた熊本の地域づくり「新幹線くまもと創り」を進めていくこと。

九州新幹線の全線開業は、熊本にとっては明るいニュースでした。新幹線が博多から鹿児島まで伸びれば、大阪からノンストップで熊本に来ることができます。しかしその一方で熊本には、「素通りされてしまうのではないか」という強い危機感がありました。なぜなら新幹線がつながるのは博多駅から鹿児島中央駅まで。熊本は途中駅なのです。鹿児島も魅力がある県ですし、何より終着駅効果もあり、それだけでも人がたくさん来るでしょう。熊本はよほど積極的にアピールしないと、途中で降りてくれないかもしれません。

もちろん熊本県内には阿蘇や天草に代表される豊かな自然、その大地に育まれた農産物や特産品、加藤家・細川家をはじめとする歴史や伝統文化など、たくさんの素晴らしい素材があります。それを再発見して磨き上げアピールすることで、熊本に来る人をもっと増やせるはずです。できればそれをそのまま紹介するだけでなく、民間のみなさんとも力を合わせて、しかも新幹線の沿線地域だけでなく熊本全体でそれぞれの特色を生かした地域づくりをしていこうというのが、新幹線元年戦略の趣旨でした。

そのためには、しかるべき人にアドバイザーになってほしい。そこで名前が挙がったのが、熊本県天草出身の小山薫堂さんです。小山さんを推したのは、新幹線元年委員会という外部機関の石原靖也委員長です。石原さんは、熊本城周辺で開催され、今ではすっかり熊本の秋の風物詩となっている「みずあかり」というお祭りの仕掛け人でもあります。石原さんと共に東京の小山さんのもとを訪れ、アドバイザーをお願いしたところ、快く引き受けてもらえることになりました。平成二十一年の七月のことでした。

## くまモンがおまけでついてきた！

小山さんが私たちと話し合って作ってくれたのが、「くまもとサプライズ」というスローガンです。

小山さんの考えは、

ロゴマークのお披露目。新幹線元年委員会の
石原靖也委員長（左）と小山薫堂さん

「自分たちの身の回りには、びっくりするほどいいものがたくさんある。それを再発見しよう。そしてそれを他県の人に宣伝するばかりでなく、まずは自分たちが楽しもう。そうでないと、よその人だっていいとは思わない」

というものでした。

あの小山薫堂さんですから、どんな高い次元のことを言われるのだろうと、心配していましたが、「くまもとサプライズ」はまさに私たちの考え方と同じ。一も二もなく、

「それでいきましょう！」

ということになりました。平成二十一年十二月のことです。

ついては「くまもとサプライズ」のロゴマークを作ってもらうことになり、小山薫堂さんから依頼され、感嘆符「！」をモチーフにし、それを火の国熊本の情熱で溶けたようなイメージでデザインしてくださったのが、グッドデザインカンパニーの水野学さんです。ロゴマークのお披露目は、平成二十二年二月十一日。九州新幹線開業の一年と一カ月前のことでした。

そのとき小山さんが私たちに、

「ロゴのおまけとして、ついでにキャラクターも作ってみました」

と言って見せてくれたのが、くまモンのイラストです。姿形は今とまったく同じ。くまモンという名前もそのときからついていました。

キャラクターがいると、新幹線開業に伴う各種イベントがやりやすい。人々の印象にも残ります。なによりみんな予想をしていなかったことだったので大喜びしたのを覚えています。

私たちは、別のキャラクターに再登場してもらうことも考えていました。一九九九年に熊本国体が開かれたときに活動していた、ヒックル・ミックル・モックルという三つ子のキャラクターです。火と水と木という熊本の自然をモチーフにしたものです。

そこでヒックル・ミックル・モックルにカムバックしてもらい、もうひと働きしてもらおうと、

「あんもんたちは、今、どけおるとかい（あいつらは今、どこにいるんだ）？」

と探し始めていたところへ、くまモンが突然、降ってきた。小山さんからのサプライズなプレゼントでした。

## まぼろしの「初号機」

さて、水野学さんのイラストをもとに、一カ月ぐらいであわてて作ったのが、現在くまモンマニアの間で、「プロトタイプ」「初号機」などと呼ばれている着ぐるみくまモンです。確かに全身真っ黒で頬は真っ赤。くまモンと言えばくまモンですが、頭だけが大きく、体は人間のシルエットがはっきり出ていて、今のくまモンとは明らかに別人（別くま？）でした。

そのくまモンが公の場にデビューしたのは、平成二十二年三月二十四日、熊本城の「春のくまもとお城まつり」で行われた新幹線開業一年前のプレイベント「くまもとサプライズin熊本城」です。ちなみにくまモンの誕生日は、九州新幹線が全線開業した日と奇《く》しくも同じ、三月十二日です。縁を感じますよね。

そのときは県内各地から応援に駆けつけたゆるキャラが一〇体ぐらいステージに上がりましたが、くまモンのポジションは一番端っこ。まだ誰も存在を知らない新参者ですから、仕方ありません。ステージ中央のスザンヌさんばかり見ていて、キレのある動きもなく、ただ腰をくねらせていただけでした。

私たちとしては、この日が新幹線元年戦略の本格的な出発点だという思いもあったので、県内のマスコミ各社に事前に声をかけて取材をお願いし、多くのお客様に来ていただきました。でも、今のようにくまモンファンがいて「キャー可愛い」と言って駆け寄ることも、取り囲まれて身動きができなくなることもなく、淡々とセレモニーは進んでいきました。着ぐるみくまモンはおおむね好意的に迎えられはしたものの、中には真っ黒なくまモンが怖いのか、お母さんの陰から恐る恐る見る子どもたちの姿も。

そのくまモンが、よもやここまで人気者になり大活躍をすることになるとは、そのときは誰一人として想像さえしていませんでした。本当に！

残念ながら？この着ぐるみくまモンは、「くまモン」の登場により、お蔵入りとなってしまいました。

## 熊本市動植物園でくまモン隊の出発式

さて平成二十二年度に入り、チームくまモンは国の予算で、活動の幅を広げることができるようになりました。それを活用して結成したのがくまモン隊です。

くまモンに付き添い、「くまモンがこんなこと言っている」と通訳したり、イベント開催時に、司会進行役や一緒に体操などの活動を務める人が必要になります。それが黄色いハッピを着た、くまモン隊のおねえさん、おにいさんたちです。

最初はくまモン自身もくまモン隊のみんなもお互い不慣れな面があったため、ぎこちないところもありました。しかし場数を踏むうちに、漫才コンビもかくやというほど、息の合ったパ

くまモン隊の出発式

フォーマンスを見せてくれるようになりました。保育園や幼稚園の小さいお子さんとのやりとりには難しいところもありますが、くまモン隊が調整役になってうまく盛り上げてくれます。ただ、やんちゃなくまモンはあまりくまモン隊の言うことを聞かないので、くまモン隊が手を焼くことも。

くまモンは生まれたときから、「やんちゃな男の子」だったのですが、だんだん調子に乗ってきて、今や見ている人がハラハラすることも。

くまモン隊が活動をスタートしたのは平成二十二年七月二日。出発式は熊本市動植物園のモンキーアイランドの前で行いました。蒲島郁夫知事も出席、期待のこもったスタートです。

普通、出発式などは県庁のロビーで行うことが多いのですが、それではサラリーマンや職員など大人しか参加できません。それはありきたりですし、少しでも話題づくりをしたいと考え、熊本市動植物園に協力してもらうことにしました。

近くの幼稚園の鼓笛隊の演奏に合わせて登場したのが、今、大活躍しているくまモンです。子ども向けにプロモーションをしていくには、やはり歌と体操は必須アイテムです。

このときにはもう「くまもとサプライズ」の趣旨に沿った「くまモン体操」の歌もできていたので、出発式で初めて子どもたちにお披露目しました。また、みんなに喜んでもらえるようにくまモンのマグネットやあめなどを作って配ったりもしました。

## まず子どもたちから愛される存在になる

なぜ県庁ではなく動植物園をくまモン隊の出発式の場所に選んだか。それは、私たちが最初からくまモンを子どもたちから愛される存在にしたいと思ったからにほかなりません。

そのためにはくまモン隊が、保育園や幼稚園を訪問して回るのが一番。

それに子どもから攻めたほうが、結果的に大人にも知ってもらえるはずです。保育園や幼稚園にくまモンが行けば、子どもたちは家に帰って「今日、くまモンに会ったよ」とお母さんお父さんに話をするでしょう。そうすればおうちの方も「くまモン」という名前を耳にする。そうやって認知を広げていこうという作戦です。

そこでくまモン隊のみなさんに、片っ端から保育園・幼稚園に電話して、売り込んでもらいました。

しかし悲しいかな、まったく知名度がない。くまモン隊のことは県のホームページや広報誌で告知していたのですが、まだほとんど無名に等しいため、電話を受けた保育園の方も、

「くまモン？ なんですか、それ？」

という反応でした。特に多かったのが、

「何しに来るんですか？」

という質問です。確かに先方にしてみれば、訪問の目的がよく分からないのも無理はありません。

そこで説明用に「くまもとサプライズ」の趣旨や、くまモン隊の活動内容やスケジュールなどを書いた四ページ程度の資料を用意しました。それで説明をして、受け入れてくださるところに一時間くらい時間を取ってもらうことに。少しでも多くの園を訪問するために、チームくまモンのメンバーもまずは自分の子が通っている保育園に自ら声をかけたりしました。

そんなふうに平日は保育園・幼稚園訪問。土日・祝日は行政主催のイベントがあれば、必ずくまモンの出番を作ってもらい、ひたすら地道に県内各地を回っていました。

思いのほかよかったことは、くまモンは見た目が何かと特に関連づいたりしていないため、どんな集まりにも出ていけたことです。例えば他のゆるキャラには、「○○のキャラ」という属性があります。だからこそ、それが個性や特徴になっているのですが、それが逆に「○○の

キャラがこんなところにいるのはおかしい」ということにもなってしまいます。例えば熊本にも、熊本城のひごまるや、ねんりんピックのＡＳＯ坊健太くんなどいろいろなキャラクターがいます。もし彼らがまったく関係のない場所やスポーツイベント以外のところにいたら、ちょっと不自然な感じがするかもしれません。その点、くまモンは県のキャラクターとして県内どこへでも出ていくことができました。

こうして七月から始めたくまモン隊の活動でしたが、秋頃からさまざまなイベントに来てほしいという要望が多くなり、土日・祝日のスケジュール調整に時間がかかるようになってきました。同じ日にイベントが集中すると、逆にお断りをしなければならないような状況もチラホラ出てきました。

## 地元での地道な活動あっての大ブレイク

平成二十二年十月一日、くまモンは「くまもとサプライズ特命全権大使」に任命されます。それまでは県内だけの活動でしたが、大阪でも本格的に活動が始まりました。第一部でお話しした、一万枚の名刺配り、そして失踪事件という広報戦略を展開したところ、確実に話題になっているとのこと。県内の活動との相乗効果も上がってきました。

そして十二月二十四日のクリスマスイブに、「熊本県内の企業は申請し、許可を受ければ、

くまもとサプライズ特命全権大使の任命式

商品にくまモンを使えるようにします」というプレス発表会を開きました。受付初日は念のため一〇〇人ぐらい入れる部屋を準備していたのですが、想像をはるかに超え、大勢の方が詰めかけて、会場がいっぱいになりました。

　これはファンの間では有名な話ですが、初日に申請があった商品化第一弾はなんと仏壇。このことが注目されがちですが、同じ受付初日には、他にも多くの会社から申請がありました。各社には、いろいろなアイデアに溢れ見ていて楽しくなる数多くのくまモングッズを精力的に作っていただきました。このこともくまモン人気に大きく貢献したのは間違いありません。この場をお借りして御礼を申し上げます。

　ちょうどその頃、熊本市内のメインストリートにある鶴屋百貨店という県内でも一番大きい百貨店が、くまモンを広告に起用してくださいました。百貨店の壁や、アーケードの屋根からぶら下がっている広告が全部くまモン。くまモンだらけの熊本のメインストリートを見て、ワクワクしたことをよく覚えています。また、熊本城に続くシンボルロード沿いにある県民百貨店では、正面入り口の一番目立つ場所にくまモングッズコーナーを設けてくださいました。今、県外では、近くにある県の物産館などとともに、くまモングッズの聖地のひとつと言われています。

くまモンが大ブレイクしたのは、KANSAI戦略によるプロモーションがうまくいったからなのは間違いないでしょう。しかしそれに先立つこと三カ月以上、熊本でくまモン隊が地道に活動していたことも、成功要因のひとつだったと思います。

小山薫堂さんが言うように、熊本に住んでいる自分たち、地元の人たちがくまモンのことを好きでなければ、その魅力は伝わらない。

いくら大阪で神出鬼没作戦を繰り広げたところで、地元熊本でくまモンが愛されていなければ、くまモン人気も一過性で終わっていたかもしれません。

「熊本ではこんなに人気のキャラクターがいる」「地元でいいものを探して広める仕事をしている」という一本芯の通った存在だったからこそ、くまモンは大阪でも人気者になったのでしょう。

## 「くまもおらんのに、何がくまモンだ」

実を言うと、熊本の一部には、熊本県の「くま」というイメージを消したがっている人もいました。熊本県は、名前にこそ「熊」という字が入っていますが、野生のくまはいません。本物のくまがいるのは動物園やテーマパークだけ。

「野生のくまがいる」と言うと、それだけで「田舎」というイメージが強調されてしまう。そんなところにくまをキャラクターに使ったりすると、なおさら他県の方から、「熊本ってくまが出るんですか？」と誤解されてしまう。だからなるべくくまをイメージさせないように気をつけていたという、まことしやかな話があったくらいです。

ところがそこへ「くまモン」が登場したわけですから、県庁内でも当時「いかがなものか」という声が上がりました。県民の方からも、

「くまもおらんのに、何がくまモンだ」

とお叱りの電話を頂戴したこともあります。百貨店の紙袋にくまモンが印刷されたときは、

「あんなの下げて、銀座とか歩けないじゃないの」

という電話を延々と二時間ぐらい受けたこともあります。

しかし私たちは、くまモンに魅力があるのは間違いないと、自分たちがやっていることを信じていたので、

「私たちはくまもとサプライズを広めるべくがんばっています。ご理解いただけないですか」

「くまモン、私は可愛いと思うんですけどね」

「熊本は田舎というところも大事にしたいと思います」

などと一生懸命ご理解いただけるように努めました。

キャラクターに限ったことではありませんが、新しいものが登場したときは、必ず抵抗があるものです。

くまモン登場当時、職員にくまモンの第一印象を聞いたことがありますが、

「黒いそら豆みたいだけど、いいのかな?」

「くまなのに猫のような目をしていて怖いと思われないか?」

と言う人もいました。しかしそう言っていたはずの職員も、今では「くまモンは可愛いね。熊本の宝だね」と主張しています。

くまモンの魅力が高まったのは、実はイラストのよさだけではありません。

「二次元のときはそれほど思わんかったけど、実物を見たらすごく好きになった」

という声もあるように、くまモンの最大の魅力は、機敏な動作や仕草から伝わる喜怒哀楽の感情表現です。僭越ですが、これはミッキーマウスにも通じるものがあります。ひょっとしたら、キャラクターの人気が出るかどうかは、そのキャラクターのイメージにあった動きができ

るかどうかにかかっているのではないでしょうか。要は人を楽しませることができるかだと思います。おそらく、奈良のゆるキャラ・せんとくんも、活動性が高いという理由で人気が出たように思います。

くまモンは五〇メートルを一一秒で走るという記録を持っていますし、ちょっとしたステージからなら軽く飛び降りたりもします。自転車も乗るし、なんと五木村にある日本最大七七メートルのバンジージャンプを体験したことだってあります。

ファンのみんなのもとへ駆け寄るときは、常に全力疾走。「会いたかった」と全身で表現しているかのようです。

そのくまモンの動きをたっぷり見ることができるのが、「くまモン体操」です。振付師は、熊本ではタレントとしても有名な藤本一精さん。作詞・作曲はボンボン藤井さんです。ちなみに曲名は「くまもとサプライズ」が正解。ウェブで動画が見られますので、どうぞ一度ご覧になってください。

## 子どもたちがくまモン体操を完璧にマスターしてお出迎え

平成二十三年の一月を過ぎた頃には、くまモンの人気もかなり高くなっていました。

くまモン隊も元日の朝一から各種イベントが目白押しでした。

しかし、くまモン隊の原点は保育園・幼稚園を回ること。どんなに引っ張りだこになろうが、保育園や幼稚園から呼ばれたら、スケジュールに入れていました。

「人気者になったからといって、もう来てくれなくなった」

というようにはしたくはありません。

保育園でくまモン体操

そうしてこまめに訪問を続けた結果、今では多くの保育園・幼稚園では、事前にくまモンのお面や帽子を作って待っていてくれますし、「くまモン体操」は練習して完璧に踊れるようになっています。活動を始めたばかりの頃は、こちらから「ブログに写真を載せさせていただいていいですか？」と聞き、「写真を撮られたくない方は、後ろを向いてください」と断っていたのが、今では「くまモンのブログに私たちも出してください」とか、「写真を載せてください」とラブコールされることもあります。

訪問時間はだいたい三〇分です。あまり長くはできません。というのは、くまモンはいつでも全力で元気いっぱい、瞬発力では負けないのですが、短距離走者タイプなので、休憩しないと疲れてしまうのです。

パターンとしては、最初に「くまモン体操」の説明をして、みんなで体操をします。それがだいたい一〇分。その後の二〇分は、先方の希望も事前にお聞きしておき、基本的にそれに応える方針です。次のような熊本にちなんだクイズを出すこともあります。

「日本で一番初めにできたスクランブル交差点はどこ？（正解は、熊本市にある子飼《こかい》商店街の交差点）」

「大人気漫画『ワンピース』の作者は熊本県人である、○か×か？（答えは○。作者の尾田栄一郎さんは熊本のご出身です）」

クイズの正解者には、くまモングッズをプレゼントしたりしていました。

最近では、クイズの時間は減り、園児から歌のプレゼントをもらったりすることも増えました。ありがたい限りです。

今、くまモンはサイン会を開くほどにもなりましたが、そのサインが生まれたのもこの時期です。

その頃くまモンは、ときどき色紙にサインを求められるようになっていました。

「これは早くサインを作らないと」という話をしていたところへ、あるときくまモン自身がファンの求めに応じてとっさに書いたものが非常にいい出来だった。そこで今後は即興で作ったこのサインでいこうということになりました。

## 東日本大震災発生、翌日、九州新幹線全線開業

平成二十二年のクリスマスイブに申請受付を開始したくまモングッズですが、平成二十三年の二月くらいから、いろいろな会社が販売を開始しました。くまモンが誕生して一年近く、みんなくまモンを身に付けていたい、くまモングッズってないの？　どこに売っているの？と、半ばくまモングッズの飢餓状態になっていました。こうした県内のくまモンファンの声もありましたし、他方では九州新幹線の全線開業で県外から来られるお客様を意識していた会社も多かったと思います。三月十二日の新幹線開業にはギリギリ間に合ったというところです。

ここからはもう新幹線の開業まで秒読み段階。カウントダウンの時期です。

くまモンも新幹線の開業を心待ちにしていました。ところがご存じのとおり、いよいよ新幹線が明日開業するという三月十一日に東日本大震災が発生します。

あの日、私たちは朝から熊本駅に行き、新幹線で最初に熊本に来られるお客様を迎える準備をしていました。すると午後三時頃になって、「東北が大変なことになっているみたいだよ」という一報が入ってきました。

県庁で留守番をしていた者はテレビでニュース映像を見ているので、

「これはもう絶対、新幹線どころじゃない」

と判断し、

「とりあえず、すぐ戻ってきてください」

と電話したのですが、駅にいるメンバーはテレビを見ていないので、何が起こっているのか、ピンときていなかったのです。


開業祝賀会や県内各地で予定されていた開業記念イベントの中止の連絡など、結局、日付が変わる頃まで県庁でさまざまな対応に追われ、二時間ぐらい寝て、翌日は朝早くから新幹線の各駅へ向かいました。セレモニーは規模を縮小して行うことになったからです。

「せっかく新幹線がつながったのだし、来てくれる方もいらっしゃるから、派手にはせずに、簡単なお出迎えだけはしたい」

という知事の意向もあり、くまモンは参加を見合わせ、記念品をお配りするだけに留めました。


当初の予定では、熊本城や新幹線の各駅（新玉名、熊本、新八代、新水俣）をはじめ県内各地で開業記念のイベントを一斉に行うはずでした。くまモンにも県内各地のイベントに出てもらうつもりで、分単位のスケジュールを組んでいました。そもそもこの日のために生まれたくまモンですから、この日は今までの活動の集大成、まさに晴れ舞台となるはずだったのです。

しかし東北があれほど大変な状況では、お祝いなどできません。もちろんそんな気分になれるはずもありません。本当はその日からずっと一年をとおしてイベントづくしの予定でしたが、この時期のものは全て自粛しました。ツイッターでは心配したファンから「くまモン今、どうしているの？」とたくさん問い合わせが来ました。

しばらくして蒲島知事から、「自粛ばかりしていちゃダメだ。こんなときこそ元気を届けないといけない」と言われ、くまモンも三月二十五日から活動を再開しました。

四月に入ると県庁は新年度になります。チームくまモンには四月一日付で異動するスタッフもいました。震災は日本中の人にとって大変な出来事でしたが、それでも新幹線開業を応援するために生まれたくまモンの晴れ姿を見ることなく、チームくまモンを去ることになったのは、内心ではとても無念だったことと思います。

平成二十三年度最初の大きな仕事は、被災した三県の子どもたちを支援するための「くまモン募金」を作り、多くの企業、民間団体や県民のみなさんに協力を仰ぐというものでした。六月には東日本大震災復興支援チャリティーバザールをしたり、七月には知事と一緒に熊本県が支援先としている宮城県にある保育園や幼稚園へ慰問に行ったり、十月には熊本城二の丸広場に三九〇〇人ものくまモンファンに集まってもらって「くまモン体操」をしているところをビデオに収めて、東北に元気を届けるメッセージとして送ったりするなど、震災関連の活動も多く行いました。

## 「くまもとで、まってる。」

十月一日には、震災直後にできなかったイベントをあらためて開催しました。「くまもとサプライズナイト」と銘打って、三月に完成する予定だった「くまもとサプライズフィルム くまもとで、まってる。」の撮影上映会を熊本城で行ったのです。県内各地から地域づくりにがんばっておられる方々に集まっていただき、くまモンも加わって、ラストカットを撮影しました。メガホンを取ったのは小山薫堂さん、撮影はオブザアイのみなさんです。

映画撮影に使うようなカメラ付きのクレーン車が登場し、上空から集まったみなさんを撮影するという趣向です。みなさん笑顔で両手を振りながら応えました。そうして撮影した映像をその場で編集し、ひとつの作品として完成させ、さらにその場で上映会までやってしまうという、小山さんならではのサプライズな企画でした。

会場の一角で最後の編集作業が行われている間、会場のみなさんは、日本酒や球磨焼酎などの県産酒を酌み交わしながら待っていました。酒造組合の協力で県産酒が勢ぞろいしていたのです（この収益金も、くまモン募金に寄付していただきました）。

サプライズフィルムは、熊本県内にある五つのテレビ局のカメラマンが共同でひとつの作品を作り上げるという、別の意味でもサプライズな企画でした。普段はライバル関係にあるテレビ各局が九州新幹線の全線開業に向け、小山さんの提案でひとつにまとまり、県内の宝探しを行い、普段は見過ごされがちな、それでもじっくり向き合えばきらめくような個性溢れる方々を映像に収め、最後にひとつの作品としてまとめ上げられたのです。

後日談もあります。このサプライズフィルム「くまもとで、まってる。」は、平成二十四年六月十四日に実施された、米国アカデミー賞公認、日本発・アジア最大級の国際短編映画祭「ショートショートフィルムフェスティバル&アジア」のオープニングプレスイベントにて、第一回観光映像大賞を受賞したのです。まさにサプライズづくしのフィルムです。是非ユーチューブでご覧になってください。

## 「ゆるキャラグランプリ2011」優勝!

平成二十三年の秋は、さらにくまモン人気を高める出来事がありました。もちろん、それ以前からくまモンの人気が日を追うごとに広がってきているのは、私たちも肌で感じていました。くまモン隊は引っ張りだこですし、商品化の申請を受ける担当者は自分の席が温まる間もなかったのですから。

しかし、今思えばそれはまだまだ小手調べのようなもの。同年十一月の「ゆるキャラグランプリ2011」でくまモンが優勝したことで、知名度が全国区に広がったのです。

「ゆるキャラグランプリ」とは、滋賀県彦根市の「社団法人ゆるキャラさみっと協会」(現在は、一般社団法人日本ご当地キャラクター協会)が主催する、全国の自治体や団体のゆるキャラの人気ベストテンを、一般からの投票で決める催しです。二〇一〇年の大会には、くまモンはエントリーしておらず、滋賀ふるさと観光大使を務めるT・M・レボリューションこと西川貴教さんのキャラクター・タボくんと、彦根のひこにゃんが一位になっています。

くまモンが参加したのは今回が初めて。

これまでくまモンは関西をはじめとする全国各地のゆるキャラと交流があったので、ゆるキャラさみっと協会から参加の案内をいただいていました。エントリーには費用もかからず、ただインターネットで申し込むだけです。

くまモンは大阪でも人気が出ていることが分かっていたので、「一〇位ぐらいには入るかも」との期待はありましたが、申し込んだのは締め切り間際。「あっ、まだ出しとらんだった」と呑気なものです。

ゆるキャラグランプリのホームページを見ると、一〇位まではリアルタイムでトップ画面に表示されます。すると初登場の瞬間に二位です。一位が愛媛県今治市のバリィさん。それからは二位がいつしか一位になり、また二位になりというデッドヒートを繰り広げました。

「いろんな人の目に触れるけん、出とこうか」くらいの軽い気持ちでエントリーしたのですが、いつしか、私たちだけでなく、県庁職員も、県民のみなさんも、熊本県全体がランキングに釘付け、大興奮でした。最終投票日までの間、それぞれ、パソコンや携帯電話から毎日投票を繰り返しました。最終日には、くまモンやくまモン隊、さらにはファンのみなさんまでも一緒に熊本市内の繁華街に繰り出し、「清き一票を！」と、まるで本当の選挙運動さながらに投票を呼びかけました。県内のテレビ局が取材を通じて応援してくれたのもうれしかったです。

そして、みごと優勝！　結果が発表されることになっていた埼玉県羽生市の会場にくまモンやくまモン隊、もちろん私たちも駆けつけステージで大きなトロフィーをいただきました。そして翌日、くまモンは文字どおり故郷に錦を飾ったのです。県庁には応援した県職員はもちろん、多くのくまモンファンも集まり、蒲島知事も一階ロビーで直接くまモンを出迎え、お祝いの言葉をかけました。みんなで記念写真も撮りました。本書一六ページの写真がそのときのものです。

この日県庁には来ていただけなかったけれど、応援をしてくださった多くの県民のみなさんに何か御礼ができないか……。いろいろなアイデアから、「くまモン劇団」を結成して、翌平成二十四年の一月から二月にかけて、県内の各地域で御礼行脚の公演を行いました。

熊本の人たちへの感謝と、「地域の魅力を見つける活動を続けていることも忘れないで」とあらためて伝える意味を込めています。

## くまモンと仕事をして意識が変わった

県庁というところは、実に異動の多い職場です。初期のチームくまモンのメンバーのほとんどは、現在まったく違う仕事に就いています。

例えば一人は、企業に向けて、「熊本の港を利用し、物流の面から協力できませんか」と提案する「ポートセールス」の仕事をしています。これは一般的に想像する公務員の仕事とは違い、本当に営業そのもの。条件が合わないからと門前払いも日常茶飯事です。

しかし本人が言うには、

「くまモンと一緒に仕事をしてつくづく思ったけれど、行政だからこんなことをやっていいのか？ と言って遠慮していてもいかん。県民や企業のみなさんのためになると思うなら『やるしこやってみる（やるだけやってみる）』のが大事かな」

だそうです。

また別の一人は、くまモンの仕事をする前はもともと薬剤師として保健所などで規制行政に携わっていました。保健所の規制行政というのは、例えば法律に基づいて飲食店営業の許可を出したり、食中毒が起きたときの営業停止を命じたり、廃棄物の不法投棄を撤去させたりする仕事です。つまり「何かをしてはいけない」と禁止する業務がほとんどでした。

ところがくまモンの仕事は、まったく逆です。法律で決められたことではなく、自分の考えで何かを生み出していかなくてはならない。たった二年ではあるものの、チームくまモンを経験してもとの保健所に帰ってみると、以前は、

「決まりだから、ダメです」

とばかり言っていたのが、

「どうすればできるようになるか」

というポジティブな考え方に変わっていたそうです。

例えば飲食店の許可を申請してきた人が、近くに同じような店がもう既にあるのを知らないでいるようなときは、

「そこを見て勉強してきなっせ」

など、アドバイスまでするようになってしまったとか。

また、熊本市役所から出向していた一人は、現在は市に戻り、環境啓発のイベントなどを行う仕事をしていますが、

「くまモンと共に培ったノウハウがとても役に立っている」

と話しています。

チームくまモンでの経験を経て、意識が大きく変わったのです。

もともと私たちは、広報はおろか、プロモーションやメディア対応などを経験した者は皆無という、まったくの素人の集団でした。マニュアルなどももちろんありません。

その状態から手探りでここまでくまモンを育てたことが、私たちの大きな財産になっているのは間違いありません。

# 第七章

# 迷ったらＧＯ！

## 勝負はこれから、「くまモンフェーズ2」

みなさんのおかげで全国区の人気者になったくまモンですが、本当の勝負はこれからかもしれません。この章では、これからのくまモンの活動について述べたいと思います。

平成二十四年四月、新しい体制となったチームくまモンは同年七月「くまモンフェーズ２」というものを作りました。これはせっかくここまで育ったくまモンを、今後どう生かしていくかという基本方針のようなものです。

その目的は、「末永く愛されるキャラクターを目指して」です。

また、そのために、次の三つのコンセプトを定めました。

１　くまモンのブランド価値を向上する

２　くまモンと熊本の関連性を強化する

３　そのための持続可能な仕組みづくりをする

例えば企業から「くまモンと一緒に何かしたい」というお話をいただいた場合、この１～３が、その事業やプロモーションをやるかどうかの判断基準にもなっています。

まず、くまモンがそれをすることによって、ブランドの価値が上がるかどうか。それから熊本と関連性があるかどうか。

第一部でもお話ししましたが、例えばカゴメの「野菜生活100デコポンミックス」のコマーシャルにくまモンが出演したときのことを考えてみましょう。大企業のカゴメと組んで、コマーシャルをすること自体、くまモンのブランド価値が上がることです。全国にCMが流れるわけですから。

そのCMでは、商品に使用されているデコポンに焦点を当て、くまモンが熊本の特産品であるデコポンをPRする工夫を凝らしています。これは熊本との関連性を強調するためです。

また現在くまモンの本が各出版社から続々と出版されていますが、これも必ず熊本との関連を打ち出すことにしてもらっています。つまりくまモンの写真集なら、単にくまモンを被写体にするのではなく、熊本の観光名所や物産などを紹介してもらうことをルールにしています。

本に関連する話題で言えば、もうすぐ始まる新たなプロジェクトが、くまモンの四コマ漫画です。

「自分の身の回りでこんなサプライズな出来事があった」

というようなアイデアを県民のみなさんから募集して、それをプロの方が四コマ漫画にして、熊本の新聞社である「熊本日日新聞」の紙面で発表していく予定です。

普通はあるキャラクターに人気が出ると、その家族や友達などを作るものです。くまモンも「くまモンにはきょうだいがいないの?」とか、「くまモンの親子を作ってください」などと言われていました。そのあたりが四コマ漫画でどうなるか、ご注目ください。

## 問題は共有して議論してスピーディーに決断

思えばくまモンが無名だった頃は、本当に売り込みに苦労しました。少しでも熊本と縁のある人をたどって電話をかけまくりました。

そうこうするうちに、Do As Infinity のボーカル・伴都美子さんが山都町出身であることがご縁で、ライブステージへのくまモンの出演のオファーをいただきました。また、全身黒づくめの男たちが活躍する映画「メン・イン・ブラック3」のプロモーションに、くまモンも全身真っ黒ということで招待され、大きなサングラス姿でレッドカーペットを歩くことにもなりました。

こちらから電話をかけて一生懸命売り込んでいたのに、それが逆転してしまいました。

今は誰でも知っている名のある企業から、くまモンと仕事がしたいというお話が来ます。それをどうやってうまくコラボできるようにしていくか。これが目下の課題です。

当たり前ですが、先方はくまモンを販促に使いたい。しかしくまモンは公務員なので、特定の企業に肩入れできない立場です。これが数年前なら、すぐ飛びついていたかもしれませんが、今はそれができません。なぜならここまでくまモンが人気モンになると、

「どうしてそこと組んだの？」

「本当に熊本のＰＲになっているの？」

という各方面からのご指摘もいただきます。そこで、

「一緒に組むために、もうひと工夫できませんかね」

というように調整が必要になってきます。

でもその一方では、くまモンをもっともっと広く知ってほしいという思いもあるため、舵取りが非常に難しい。

他の企業でＯＫされたサンプルを持ってきて、「これはよかと言ったのに、なんでうちのこれはダメなんですか」と言われることもあります。

「阪神タイガースはいいのに、どうして他球団はダメなのか。プロ野球は全部一緒でしょう」

「プロ野球がいいならＪリーグもいいでしょう」「じゃあ地域のチームは？」「Ｊ２は？」というように、ひとつ許可を出したら、同じようなものには許可を出さなければ不公平になります。

しかし公務員の公平性を保つことに重点を置きすぎると、新しい挑戦がしづらくなるし、くまモンのブランド価値が下がるのではないかという心配も出てくる。

キャラクタービジネスをしている会社はそういうノウハウをお持ちでしょうが、私たちは素人ですから、ひとつひとつ手探りでやっていくしかない。ですから、判断に迷うオファーをい

ただいたときには、チーム全体で問題を共有し、すぐその場で議論し、結論を出します。くまモンは、メタボな見かけによらないフットワークの軽さで、みなさんに愛されるようになりました。だから私たちも、スピーディーであることを大事にしたい。

そして、最後の大きな方針は「迷ったらGO！」。そこで自己規制してこなかったからこそ、今のくまモンがあり、今後のさらなる進化につながるのだと思います。

既に述べたように、くまモンはカゴメの野菜ジュース「野菜生活100デコポンミックス」のCMに出演していますが、最初は、カゴメの営業部長として出演してほしいというお話でした。これを、「公務員だからそれはできません」とお断りしてしまうのではなく、こちらからも提案とお願いをして、熊本の名産品であるデコポンという果実のPRをしているような形になるよう、絵コンテも五回くらい描き直していただきました。

カゴメの担当者には、「結果的に地域貢献をしている企業の姿勢や国産品の原材料を使うことへのこだわりが表現できたのでよかった」とおっしゃっていただけた。こんなふうにお互いウィン・ウィンの関係になれたら、とてもうれしいことです。

## 他県にも行きます、「くまもとから元気をプロジェクト」

「くまもとから元気をプロジェクト」も始まっています。くまモンは、これまでは営業部長として各県で開催される熊本の物産展等に出没することが多かったのですが、現在月一回くらいのペースで、各地のくまモンファンとの交流を目的に、他県を訪問しています。

発端は、くまモンへのファンレターでした。遠方のファンからの、

「うちの県にも来て」「ひと目くまモンに会いたい」

という声が目立って増えてきたのです。せっかくなので、くまモンがまだ行ったことのない都道府県を中心に、元気を届けてもらおうということになりました。

しかしどうせなら、ただ届けるのでなく、熊本とゆかりのある土地や人物を通じて、地域間の交流を進めていきたい。

例えばこのプロジェクトで沖縄を訪ねたことがありますが、沖縄と熊本には意外な接点があります。沖縄の名物に、豚の三枚肉や紅ショウガがのった「沖縄そば」というものがあります。実は沖縄が日本に復帰した頃、国の公正取引委員会から、

「沖縄そばにはそば粉が入っていないから、そばと名乗ってはいけない」

と言われたことが、あったそうです。しかしそのとき沖縄生麵協同組合の組合長が、

「沖縄そばという名称は昔から今までずっと地域で根付いてきたものなので、たとえそば粉が入っていなくても、沖縄そばと言わせてほしい」

と中国の文献等を根拠に反論し、その主張が認められて今日に至っています。その沖縄生麵

協同組合の組合長は、実は熊本県出身。このようなつながりがあったのです。

また戦争中は、沖縄から熊本へ多くの方が学童疎開しています。そこで戦時中に熊本に疎開していた方にお会いできないかと熊本県人会に問い合わせたところ、沖縄県糸満市の摩文仁《まぶに》の丘というところに、熊本県人が祀られている碑があるとのこと。そこをくまモンがお参りさせていただきました。

「ゆるキャラなんかがお参りするとは、けしからん」

という反応があることも覚悟していたのですが、みなさんの反応はそうではなかった。

「ふざけているんじゃないか」

という意見もいただきましたが、それはごくわずか。数百人以上の方から、

「熊本県人の碑が摩文仁にあるということは、くまモンが教えてくれなければ知らなかった。一度沖縄に行って、ちゃんとお参りに行きたいと思う」

といった意見がツイッターやユーチューブのコメントに書き込まれました。

また先日は、同プロジェクトの一環として、震災の被害が大きかった東北の南三陸地方を訪ねました。

実はここは以前にもお邪魔しているので、二回目の訪問になります。宮城県東松島市の保育園を再訪したところ、そこの子どもたちが、前回くまモンが来たことを覚えていてくれた。も

うそれだけで、くまモン隊のおねえさんは号泣、私たちも号泣。くまモンもたぶん笑顔の下では号泣していたことでしょう。

また仮設住宅の中には、「みんなの家」という被災者同士の交流施設があります。それはもともと熊本の「アートポリスプロジェクト」に携わっている建築関係の人たちが始めたもので、熊本の木材を使用して作られているというご縁があります。そこにもくまモンが訪ねていったら、おじいさん、おばあさんが、「冥土の土産ができた」とまで言ってくださり、またもやくまモン隊全員、大感激。

またフェイスブックやツイッターで「くまモンファンのみなさん、何月何日に仙台の青葉山公園に来てください」と呼びかけたら、何十人も集まってくださり、みんなで伊達政宗像の前で「くまモン体操」をすることもできました。

このような交流活動は、ただ人が行くだけでは、なんとなくぎこちないムードになってしまうのですが、くまモンがいるというだけで、途端にうまくいくようになります。

## ツイッター、フェイスブックも大事な仕事

今まで何度か話題に出てきたように、くまモンはツイッターでつぶやいています。

フォロワーは平成二十五年二月十日、一五万人を超えました。以前は一万人増えるのに何カ

月もかかっていましたが、今では一カ月もかかりません。一日で平均六〇〇～七〇〇人ぐらい増えています。

「〇〇だモン」というような、語尾が「モン」になる「くまモン語」や、

「よろしくま（よろしく）」

「モンジュール（ボンジュール）」

「くまンタレブー（コマンタレブー）」

などの挨拶は、ツイッターでのつぶやきから生まれたものです。

熊本名物の晩白柚にひっかけた、

「こんバンペイユ（こんばんは）」

「おはようございま水前寺公園☆」

などのダジャレは、少しでも熊本の名産品や名所をPRしたいというくまモンの努力のあらわれ。これでもいろいろと考えているようです。

ツイッターではフォロワーさんたちが、いろいろなことを話しかけてくれますが、その全てに返事をすることは残念ながらできません。

でも熊本に関連した話題が広がるような問いかけは、くまモンも拾いやすいようです。

くまモンのツイッターのページを見た方は、

「ハッピーバースデーむ〜ぎゅ〜からのーカプッ☆」

というツイートが多いことに気づかれたかもしれません。これは、誕生日を迎えたフォロワーさんに向けたくまモンからの「おめでとう！」のメッセージです。

ツイッターを始めたばかりの頃は、まだフォロワーさんも数千人台でしたので、くまモンもまめにリプライ（返事）をしていました。しかしフォロワーが一万人を超えたら、とても全てに応えられない。でもせめて「くまモン、今日はわたしの誕生日なんだ」という人にはリプライをしたい。そこで、「ハッピーバースデーむ〜ぎゅ〜からのーカプッ☆」と返すのがいつの間にか慣例になりました。

前にもお話ししたように「む〜ぎゅ〜」はハグをしている擬音。「カプッ」というのは、くまモンが頭を噛んだ音です。はた目からは噛みついているようにしか見えなくても、くまモン本人はキスをしているつもりだという説もあります。お正月に獅子舞に噛んでもらうとその年は風邪を引かないという言い伝えがありますが、同じようにくまモンに噛まれるといいことがあるかもしれません。

ただ、いつも同じフレーズでは芸がないので、「強めに」とリクエストされたら、「ぎゅ〜」を「ぎゅ〜〜」に、「激しく」と言われたら「カプッ」を「ガブッ」に変えたりと、くまモンも細かい工夫をして返すことがあるので、そこは気づいてあげてください。

チームくまモンはフェイスブックもやっています。フェイスブックのオフィシャルサイトにおける「いいね！」の数は、キャラクター部門に限れば、現在三位（平成二十五年二月一日現在。「フェイスブックナビ キャラクター」で検索）。上にいるのはキティちゃんとナビ豆しばのみです。記事をひとつ投稿すれば、「いいね！」の数はいつも平均で六〇〇〇ぐらいになります。

でも、いい写真を投稿したときは、伸びが違う。「いいね！」が一万を超えようものなら、その写真を提供したスタッフが「俺が撮った写真だ」と自慢します。

写真を撮る人はプロのカメラマンでもなんでもないのですが、撮るからにはくまモンの一番魅力的なショットを撮らなきゃ、と張り切るようになる。これもすぐに反応が返ってくるSNSならではでしょう。

**「どうしたらくまモンみたいに成功しますか？」**

よく、こんな質問をされることがあります。

「うちもくまモンみたいなキャラクターを作って展開していきたいのですが、どうしたらいいですか？」

「今度うちでもゆるキャラを作って活用しようと思っているので、くまモンの話を聞きたいんです」

しかしもうお分かりのように、私たちには、人気キャラクターを作ろうというはっきりした考えが、最初からあったわけではありません。どちらかというと先に戦略があって、キャラクターが後からポコッとできた。そこでこのキャラクターを最大限活用しようとしたに過ぎません。

ただ、そう答えても、なかなか納得していただけないかもしれないので、振り返ってみればこれがポイントだった、というものを整理してみました。

1　ターゲットを明確にする
2　TPOに合ったメディア戦略
3　SNSの最大限の活用
4　くまモンの爽快な動き・表現の豊かさ
5　くまモンを活用したPR・広報へのトップの理解と支援

ひとつひとつ説明すればキリがありませんが、あらためてこの五つの視点で本書を読み返していただければ、「なるほど」とガッテンしていただけるのではないでしょうか。

中でも最後のポイント「トップの理解と支援」は重要だと思います（これについては、第三部で知事ご本人が語っておられますので、そちらをお読みください）。これを、しがない地方公務員の上司へのゴマすりだと思わないでください。民間企業のブランド戦略に携わる専門家の方も、ブランド戦略にあたっては、トップの熱い思いがなければならない、とちゃんと話しておられます。

ブランドづくりにおいて必要な三つの要素として、まず、よいものでなければブランディングできないことは論を待ちません。そしてプロフェッショナルなチームが必要です。そしてもうひとつ、トップの熱い思いがなければなりません。この三つの要素がそろえば、ブランドは必ず生まれます。

これは、ブランディングデザイナー西澤明洋さんの、平成二十四年一月に熊本で開かれたブランドセミナーでのお話です。

残念ながら私たち自身はプロフェッショナルなチームではありませんが、多くのプロフェッショナルな方々に助けていただいたと思っています。

この他にも成功のポイントをいくつか挙げれば、ひとつは、組織の枠にとらわれず連携ができたことでしょうか。一般論として、行政に限らず組織が大きくなれば、ある課で何かを始めたら、それはその課の仕事であって、他からは協力が得にくいものです。この点、今回の新幹線開業に関連した各課の仕事については、そんな縦割りの縛りがなかった。

くまモンが組織間の垣根を壊してくれたとも言えます。もちろん、大いに議論をし、意見を戦わせることはありましたが、「くまモンのよりよき成長のために」という柱は、決して揺るがなかった。くまモンというキャラクターには、それができる力があったのだと思います。

また県全体のPR経費は、それほど多いほうではないと思いますが、ゆるキャラに限定すれば、くまモンはやはり全国トップクラスかもしれません。九州新幹線全線開業に向け予算を一点に集中投下したことで、効果が見込めたと言えるでしょう。

そして前述したように、企業にくまモンの商品への利用を無料で許諾したことです。

そのおかげで衣類、文具、食品、雑貨等々、さまざまな業種が一斉にさまざまなグッズを作成するようになり、それに人々が目を留めたり購入したりすることで、さらにくまモンの人気が高まるというサイクルが回り始めたのだと思います。

## 末永く愛されるために

この章の最初にもお話ししましたが、私たちの目的は、くまモンが末永く愛されるキャラクターになること。それが、熊本県民の幸福量の最大化にもつながると信じています。

ただ、ブレイクが大きければ大きいほど、その後の落ち方も早いという話も聞きます。それはやはり避けたい。もし、くまモンが一〇年後、マスコミで「あの人は今」みたいな取り上げ方をされたらかわいそうですから。

そうならないために、コンセプトのひとつにも掲げている「持続可能な仕組みづくり」を、より強固なものにしなければなりません。もちろん、私たちはもう何度となく会議を重ねています。くまモン同様、私たちも進化を続けなければなりません。今その内容を全て明らかにするわけにはいきませんが、どうか、これからの私たちの取り組みにもご期待いただければ幸いです。

最後になりますが、昔からのくまモンファンにしてみれば、自分の応援していたキャラクターの人気が出てうれしい半面、一抹の寂しさもあると思います。

「前は観客も少なかったから、会いに行けばいっぱいハグしてくれたのに、今は黒山の人だかりで近づけない」

「くまモンが遠くへ行ってしまったみたいで寂しい」

という声も聞かれます。でも安心してほしいのですが、くまモンも私たちも、原点が熊本にあることは変わりません。保育園・幼稚園や、お年寄りへの訪問は、できるだけ優先したいと考えています。どんなに県外への出張が増えても、熊本がベースにあることは間違いありません。

また、県内外を問わず、ファンのみなさんとの交流は、これまで同様に続けていきたいという気持ちでいます。みなさんに育てていただいたことを、くまモンは決して忘れていないからです。ぜひ、これからもくまモンに会いに来てください。そして私たちと一緒に、くまモンを「末永く愛されるキャラクター」に育てていただければ幸いです。

# 第三部　くまモン・トップ戦略の秘密

熊本県知事・蒲島郁夫

う。

## なぜくまモンは異例のスピード出世ができたのか

くまモンの直属の上司として、ビジネスパーソンとしてのくまモンについてお話ししましょう。

くまモンは「くまもとサプライズ」プロジェクトの一員として登場し、異例のスピード出世を成し遂げて、熊本県の営業部長にまで昇進しました。その理由は三つあります。

ひとつはやはり、実績です。これだけ熊本県のPRに寄与した実績があれば、営業部長にするのはそう難しいことではない。ただ、県庁における部長は、知事、副知事に次ぐポストですから、私は他の部長たちにも、「くまモンは部長にふさわしい」と認めてほしかった。

そこで私はくまモンに、庁議という、知事、副知事、部長たちで構成される会議に出席してもらいました。これは国で言えば大臣が集まる閣議のようなものです。既にくまモンは世の中でものすごく有名になっていましたが、庁議に出席したことによって、他の部長たちからも本当の部長として認められたと思います。

二つめは、このような時代だからこそ「夢」が必要だということです。

くまモンは、最初は非常勤職員でした。それがわずか一年で部長にまで昇進した。これは今の日本の社会ではまれに見るサクセスストーリーです。私は「がんばれば夢はかなう」ということを、くまモンを通して、子どもたち、大人たちに伝えたかった。くまモンは小山薫堂さんと水野学さんが生みの親ですから、天性の才能はあったと思うのですが、本人も努力してずいぶん進化しました。この努力が素晴らしい。

三つめは、くまモンに役職を与えることによって、企業の社長のようないわゆる偉い人とも対等に話せるようにすることです。営業部長の肩書きがあれば、たいていの人と会うことが可能です。つまりステータスを与えることによって社会的な交友関係を広げ、活躍のレベルアップを図った。これは大成功だったと思っています。

くまモン、庁議に出席

くまモンが有名になったきっかけのひとつは、既にチームくまモンのメンバーがお話ししているように、大阪での失踪事件です。私が記者を装った人たちの前で記者会見をして、

「くまモンに大阪で一万枚の名刺を配ってこいと言ったのに、それを苦にした彼が失踪してしまった。見かけた人はツイッターで知らせてほしい」

と呼びかける動画をインターネットで流すというものでした。

この作戦を実行するにあたっては、迷いもありました。なにしろ「逃げました」とか、「探してください」というのは、あくまで企画上の演出です。「熊本県知事はそんな作り話を世間に流して」と批判される可能性もあった。でもリスクを恐れていては何もできません。私はこの作戦を遂行し、大きな話題になりました。

次に迷ったのは、「私とくまモンとスザンヌ宣伝部長の三人で、吉本新喜劇に出て、舞台上でずっこける」というアイデアに乗るかどうかです。これには周囲からの反対を受けました。特に私の東大教授時代の教え子たちは、

「先生、そこまでやらないでください」

と言って止めた。でも私は、熊本県に捧げた命だから、やろうと思った。そこで、

「どうせ転ぶんだったら、激しく転ぼう」

と思いっきりコケました。そうしたら、テレビ中継での視聴率がよかった。

こういう破天荒なことを私が率先してやったことが、県の職員たちに「思いきって挑戦していいんだ」と思ってもらえるきっかけになったのではないでしょうか。

## 皿を割れ、できないと思うな

よくいろいろな方から、

「熊本県庁のみなさんは、公務員なのに、なぜこんなに自由になんでもできるんですか」

と尋ねられます。それは私自身が知事に就任したときから、

「できないと思うな。どうすればできるかを考えよう」

と言っているからかもしれません。

「国に頼るな。他県と比べるな。熊本が考えて、熊本が自らやる」

ということも常に言っています。県庁というのは、国から言われたことをやればいいとか、他の県と比べてどうかという発想が多い。しかしそれでは思考が停止してしまいます。だから私はいつも、「皿を割れ」と言うのです。これは、韓国の金郡守から教えてもらった言葉です。

「皿を洗わない人は、皿も割らない。皿を割ってもいいから、とにかくたくさん皿を洗おう」

つまりリスクを恐れないでやろうという意味です。こんなことが言えるのは、私が公務員出身ではないからかもしれません。

私は若い頃は落ちこぼれでした。熊本の田舎の高校を出たときの成績は二三〇番中の二〇〇番。家が大変貧しかったので大学進学などまったく考えられず、農協に就職しました。その後、農業研修生としてアメリカに渡り、農奴のような生活。途中で一念発起して学問を志し、ハー

バード大学で政治経済学の博士号を取得。その後日本に帰国し、東大教授になりました。優秀な学生にも恵まれ、研究に没頭していましたが、「研究の成果を社会に還元し、熊本県民の幸福のために尽くしたい」という思いが募り、東大を辞しました。そして政党から公認や推薦を受けずに熊本県知事選に出馬。熊本県のみなさんの支持をいただいて、現在は知事二期目です。

このようにずっとハイリスクな生活を送ってきたので、リスクを取らなければリターンがないことは骨身に染みてよく知っています。「皿を割れ」は私の人生を反映したフィロソフィーなのです。だから部下がどうすればいいか聞いてきたら「皿を割れ」と答えるし、何も言ってこなければ、もう本人の自由です。

## なぜキャラクター利用料を無料にしたのか

一連のくまモンプロジェクトも、まったく管理型ではありません。

ご存じのようにくまモンのキャラクター利用料は無料です。織田信長が「楽市楽座」で経済を活性化させたように、みなさんにくまモンで儲けてもらい、熊本が元気になればいい。まずはくまモンが有名になることで、自然に熊本も有名になるという発想です。

実際に、今エースコックやカゴメ、UHA味覚糖、チロルチョコなど全国区の企業がくまモンをキャラクターとして使い始めていますし、熊本県の菊池市では、「おしゃべりくまモン」

というぬいぐるみを作って販売しています。このぬいぐるみのくまモンは、話しかけると話しかけたとおりに答えるので、私はコロッケさんの舞台に立ったとき、彼にこう言いました。

「私はあなたよりも上手に物真似ができます。でも今日は私でなく、くまモンに物真似をさせます。コロッケさん、歌ってください」

するとおしゃべりくまモンがコロッケさんの歌うとおりに歌うものですから、もう大ウケでした。

このように私はくまモンだけでなく、あらゆる県庁の組織に、このような自由さと遊び心を持ってほしいと思っています。他の人を楽しませようと思ったら、まずやっている人たちが楽しくないといけない。

普通、公務員は真面目極まりないし、石橋をたたいても渡らないところが県庁です。しかし私はそういう県庁の文化を変えていきたいと思った。それがうまくいっているのが、このくまモンプロジェクトです。

## ここで満足してしまったら必ず飽きられる

これほどまでにくまモンは人気者になりましたが、それでもまだ初歩の段階だと言ったら、驚かれるでしょうか。

私が今、何を目指しているかというと、くまモンをもっともっと人気者にすることです。「熊本ではもう十分有名だから」とここで満足すると、必ず飽きられます。

かつて「ダッコちゃん人形」という玩具がありましたが、あれは大ブームになった後、わずか三カ月で飽きられてしまいました。なぜならみんなが持つようになって、すぐ日本中に浸透してしまったからです。だから、「この線から先の人たちは、くまモンを知らなくていい」という限界を作ってはいけない。常にフロンティアをどんどん伸ばしていくことです。

まず私たちは大阪にフロンティアを伸ばしていきました。既に大阪では大変な人気者になりました。しかし、ここで止まるとそこで飽きられてしまいます。ですから次に福岡にフロンティアを求めました。その次は東京です。東京は人口も多いので時間がかかるでしょうが、遠からず浸透するでしょう。そうしたら、またどんどんフロンティアを伸ばして、次は全国的に出没します。現に今、「くまもとから元気をプロジェクト」で、北海道へ行ったり、宮城へ行ったりしています。日本は狭いので、まもなくくまモンは日本全体に浸透するでしょう。

そうなれば、次は世界です。既にくまモンは韓国、シンガポール、台湾に行ったことがありますし、現在は中国の上海に進出中です。今後は上海発で、アジア全体に広げていく予定です。

私の教え子は上海の有名な復旦大学というところで日本研究所長をしています。そこに講演に行ったとき、くまモンも連れていったところ、中国の人たちにもくまモンがすごい人気でした。

また、アメリカのシアトルに熊本県産品のトップセールスに行ったときには、アメリカ人もくまモンが大好きだということが分かりました。

「こんなに民族を越えて好かれるとは。これならきっといける」

と確信を得ました。将来、海外で活躍するくまモンの姿を見れば、熊本県民のみならず日本人全体が「くまモン、がんばってるな」と思うでしょう。そうすれば、くまモンにより深い愛情を抱くようになる。私はそう思っています。

## 商品売上げは年間で二九三億円

お金がない。若者が少ない。雇用がない。今、地方のコミュニティ、さらには地方経済は逆境にあります。しかし私のモットーは、「逆境の中にこそ夢がある」というものです。

熊本県はもともと逆境にありました。大変な財政難で、私も知事としての一年目は、給料を毎月一〇〇万円カットしました。それでも月に二四万円もらえるはずだったのですが、前の年の給料に税金がかかるので、実質は一カ月の手取り一四万円で一年間過ごしました。

それほどの財政難なのですから、県のＰＲにお金などかけられません。でも頭を使えば、くまモンのようなＰＲができる。

くまモンプロジェクトは逆境だったからこそ生まれたものです。もし新幹線が全線開業したとき熊本が終着駅だったら、誰も熊本をPRしようとは思わなかったでしょう。しかし新幹線の終着駅は鹿児島で、熊本は単なる通過点になるおそれがあった。だからこそ「熊本に関西からたくさんのお客さんを呼んでこよう」というKANSAI戦略が生まれたのです。

「逆境だから、何もできない」などということはありません。何もないところからでも、何かを作ることは可能です。そしてそれを可能にするのは、ハードではなくソフトなのです。

くまモンのようなキャラクターを生み出すのは、道路を作るのと比べればずいぶん安い。にもかかわらず二〇一二年一年間のくまモン商品の売上げは、二九三億円を超えました。しかしこれはまだレポートが出ている分の半分ですから、実際はおよそその倍になると思います。

その他にも莫大なPR効果があります。お金に換算できませんが、熊本県民であることの誇り、夢などもみんなくまモンが与えてくれている。それを考えれば、私はくまモンは一年間で一〇〇〇億円ぐらいの価値を生んでいると思います。

くまモンプロジェクトは何もないところから、ソフト事業として成功した、稀有な地方の事業ではないかと思います。

## くまモンで日本国民の幸福量を最大化

「県民の幸福量の最大化」が私の大目標です。さらに言えば、くまモンが日本国民全体の幸福量の最大化に貢献できればいいなと考えています。

私は幸福量（y）というものを、左の式のように考えていますが、既にくまモンは四つの点で、県民の幸福量の最大化に貢献しています。

y＝f（E，P，S，H，）

Eは経済的な豊かさ、Pは品格と誇り。Sは安全安心、Hは夢です。この四つの要因全てに、くまモンは貢献しています。

さて、これからのくまモンについてですが、キャラクターとして、一〇〇年後も愛されるような存在にしたいと考えています。

最初は三年くらいでいいかなと思っていましたが、今はミッキーマウスのように、誕生から一〇〇年たっても世界中から愛されるキャラクターにすることも不可能ではないと思えてきました。

しかしそれにはくまモン自身がさらに進化して、フロンティアをどんどん伸ばしていかなければいけない。

そういう意味では、外国に留学させないといけないかもしれません。少しぐらい熊本を留守にしてもいいから、例えばディズニーランドに留学するのもいいかもしれない。

私は部下が活躍することが大好きだから、くまモンにもどんどん活躍してほしいと思っています。

くまモンは、みなさんの応援を力にして、自分で自分を成長させています。

私も逆境からのスタートでしたが、一歩一歩前に進んできた。高校を卒業したときは落ちこぼれだったけれど、それから一〇年後にハーバード大に行くことができたし、五〇歳のときには東大の教授にもなった。それから六一歳のときには県知事にもなった。県知事になっただけでなく、熊本県民の幸福量を上げているという自信もあります。そのひとつが、くまモンの活躍です。しかしこれはやはり私一人でできることではありません。県民のみなさんと職員のみんなで成し遂げたことだと思っています。

# あとがき

本書は、平成二十三年秋、くまモン誕生から、およそ一年間の出来事を、もっぱら大阪展開(KANSAI戦略)を中心に記載した、私家版の本『もしくま——もし、しがない地方公務員集団「くまモンとおもろい仲間たち」が小山薫堂氏の「もったいない主義」他を読んだら』がベースになっています。

その後のサプライズな展開により、今回、幻冬舎新書として出版していただけることとなり(その経緯については、この後の「もうひとつのあとがき」をご覧ください)、『もしくま』では書き込めていなかった二年目以降の大阪展開を加えさせていただきました。

とは言うものの、記載できたのはチームくまモンの活動のほんの一部です。記載できなかった活動に携わったみなさま、紹介できなくてすみません。

また、今回の出版にあたり、第一部の文中で「別働部隊」と言われている熊本部隊の活躍などについては、語り部を代え、第二部で紹介しています。さらに、第三部では、蒲島知事にも登場していただくことができました。

このように、私家版から公式版の様相を呈すると、記載している内容に偏りがあることや特定の社名などを記載していることが気になりだしました。やはり、しがない地方公務員です。掲載できなかったみなさま申し訳ありません。

大阪で一緒に「くまモン話題化」に取り組んでいただいたみなさま、熊本くまモン隊のみなさま、さまざまな商品展開にご協力いただいたみなさま、くまモンファンのみなさま、本来であればお名前を一人ひとり挙げるべきところですが、この場をお借りして感謝申し上げます。

そして、他の誰よりもくまモンを大切に思い、これまでの私たちの仕事に理解を示された蒲島熊本県知事。楽しい仕事をさせていただき、ありがとうございます。

平成二十五年三月　　熊本県庁チームくまモン

# もうひとつのあとがき

全ては、たった一冊から始まりました。

平成二十三年秋、熊本では別働部隊の活躍でくまモン人気が最高潮？に達し、地元の新聞でもくまモンが掲載されない日がないくらいでした。

「ゆるキャラグランプリ２０１１」を控え、パソコンの画面からはファンの熱気が伝わってきていました。

かたや、大阪を中心とした関西をステージに活動をしているチームくまモンの活躍は、なかなか熊本に伝わりません。地元メディアは、大阪に記者を置いていないのです。

関西でのくまモン人気に火をつけたのは私たちなのに、このままでは、あんまりだモン！

何か形にして伝えなければならない。危機を記紀に変えねばならぬ……？

しがない地方公務員に神が降臨し、三カ月、夜な夜なパソコンに向かいました。

『もしくま――もし、しがない地方公務員集団「くまモンとおもろい仲間たち」が、小山薫堂氏の「もったいない主義」他を読んだら』と名づけたたった一冊の自家製の本。

未熟な製本ではありましたが、小山薫堂さんに差し上げたい。薫堂さんが熊本に来られたときに、直接手渡ししたいと考えていました。意を決し、平成二十三年十二月八日、熊本県立大学で開催された「くまもとブランドセミナー」の後で、お渡ししました。

前夜、山形のイタリアンレストラン「アル・ケッチァーノ」のシェフ、奥田政行さんを熊本に招いての催事の席で、「昨年の紅白歌合戦で嵐が歌った『ふるさと』が好評だったことから、今年の紅白では二番も作詞してほしいとの依頼があったんですが、未だできあがっていないんですよね……」と話しておられたので、お忙しいのは重々承知の上です。それでも「チャンスの種を拾わないのはもったいない」と本に書かれている言葉を思い出し、厚かましくも、呼び止めてお渡ししたのです。

そのときは、「ぜひ、付箋のところだけでも読んでください」と言うのが精いっぱいでした。

付箋を貼ったページにあったのは、次の文章です。

＊　＊　＊

あとがき　小山薫堂さんに感謝を込めて

のですよね。

薫堂さん。薫堂さんの著書に出てくるエピソード「三六五通の手紙」も読みました。自分のことしか書かれていない、読み手のことを考えない一方的なアピールは確かに困りものですよね。

「こんなにたくさん書いたら、読まされるほうが大変だよな」と、私も自分で書いておいて思います。ですから、まずこの「あとがき」だけでも読んでください。そして、多少興味をもたれたら第三章に進んでください。

あとは……書籍の体裁をとったサプライズ本にするために書いたくまモンの軌跡ですから、読んでいただかなくてかまいません。いや、読まないでください（読まないでください、と言われると少しは読みたくなりませんか……あ、バレばれ？）

そしてもし、万が一にも全部読んでくださったなら、ぜひご感想をお聞かせください。

小山薫堂さんの『もったいない主義——不景気だからアイデアが湧いてくる！』（幻冬舎新書）を初めて手にしたのは、平成二十一年の春でした。

私は県の大阪事務所に勤務し、担当職員たちと共に、流通に乗らずに生産者自身の手によって捨てられるままになっている規格外野菜を、大阪のお弁当屋さんで直販できないか、という企画に取り組んでいました。

お昼時を過ぎれば棚が空いたままのお弁当屋さんは「もったいない」。そこで、空きっぱなしの棚を使って規格外野菜を販売する。

品質には自信があるので、安く販売すれば、きっとリピーターがついてくれる。もし、売れ残っても、お弁当屋さんが明日のお弁当のお惣菜に調理すればいい。

せっかく丹精込めて作った野菜を、規格外だからと捨ててしまうのは「もったいない」。小遣い稼ぎ程度の気持ちでお弁当屋さんに提供してもらえれば、生産者も野菜を生かすことができる。

中間マージンが「もったいない」から、直販のシステムを考える。

「もったいないプロジェクト」と命名したこの企画は、行きつけのお弁当屋さんの協力を得、大阪市内で取扱店舗も増え、双方にＷＩＮ-ＷＩＮの関係をもたらすことになりました。

その仕事の最中でしたので、『もったいない主義』を手にしたのは自然な流れだったと思います。ましてや熊本出身でもあり、新幹線元年事業のアドバイザーをしておられた小山薫堂さんの著書です。手にしないほうがおかしい。

次いで、『考えないヒント――アイデアはこうして生まれる』(幻冬舎新書)、『人を喜ばせるということ――だからサプライズがやめられない』(中公新書ラクレ)を続けざまに読みました。

これらの本を読んで、小山薫堂さんは、やっぱりすごい人だと思いました。アイデアをそのままにせず、企画として実現してしまうのですから。

小山薫堂さんの足元にも及ばないけれど、私もアイデアなら、あほらしいものも含めいろいろ考えます。でも、ほとんどがアイデア止まり。空想して楽しんで終わりです。

でも、小山薫堂さんは違う。

不思議なご縁で、というか、「偶然力」が働いたのか、平成二十二年春、熊本に戻り、小山薫堂さんがこの世に生み出してくださったくまモンを、仲間と共にプロデュースする機会に恵まれました。

あらためて、小山薫堂さんの本を読み返しました。新刊の『社会を動かす企画術』(中公新書ラクレ)の中では、熊本で行った講演会の内容にも触れてありました。

それから、一年半。くまモンが、まず大阪でブレイクし、地元熊本でも人気者になり、サインを求め行列ができ、追っかけが生まれ、多数の商品が販売され、大手企業の商品のパッケージにも採用され……「ゆるキャラグランプリ2011」で栄えある一位を獲得……。

薫堂さん。薫堂さんの本を読み、その手法を取り入れて、「ベストの道を進んでいる」と信じ、薫堂さんの子どもくまモンを育ててみましたが、いかがだったでしょうか？

＊　＊　＊

手作りの冊子とはいえ、二〇〇ページ近くもあります。お忙しいのは分かっていましたから、全部を読んでいただけるとは思っていませんでした。が、翌朝、早々にメールが。私の拙い文章を読んでくださったのです。

舞い上がるほどうれしかった。

舞い上がりついでに、苦楽を共にした仲間やお世話になったみなさまと、この喜びを分かち合いたいと考え（本当は、自慢したくてたまらなく）、「身内だけの資料」として、自費で印刷までしてしまいました。

身内からの反応もまんざらでなく、十分に満足していた矢先、蒲島知事に呼び止められ「あの本、よかったよ」とお褒めの言葉をいただきました。東京で小山薫堂さんに会われたときに、薫堂さんが『もしくま』の話をされ、印刷後お分けしていたうちの一冊を知事に渡されたとの